黒幕の日本史

本郷和人

文春新書
1402

黒幕の日本史

◎目次

はじめに

この本は「黒幕」というものを通して、日本の歴史を考える本です。では、「黒幕」とは何か、という話になるのですが、これがなかなか難しい。

あるとき思い立って、英語で「黒幕」は何というのか、調べたことがあります。いくつかの和英辞典を引くと、まず出てくるのは、「black curtain」。これは本当に「黒い幕」ですね。次に「背後で糸を引く人」として「wirepuller」が挙げられている。なるほど、wire（針金）を pull（引く）わけですが、あまり聞いたことのない単語です。ほかに何かないかと考えていて、ぱっと浮かんできたのが「フィクサー」ですが、手元にあった辞書では「fixer」は、エアコンとか屋根とかの「取り付け屋」となっていました。さらにいくつか当たってみると、「fix」には俗語で「八百長」「買収」の意味があり、それを行う人が「fixer」。我々が日常使う「フィクサー」よりもだいぶ小粒な印象です。つまり、英語社会には、日本語の「黒幕」にぴったり当てはまる言葉はないらしい。

そこで芸のない話ですが、広辞苑で「黒幕」を引くと、まず芝居などの黒い幕の説明がなされたあと、次に「かげにあって画策したり指図したりする人」となっていました。確かにそうなのでしょうが、あまりにも漠然としています（辞書なので、仕方ないのですが）。日本の歴史に戻って考えると、この「かげ」とはどこなのか、という問いが生まれてきます。

世の中をオモテとウラに分けると、当然、「黒幕」はオモテの存在ではない。では、日本史のなかで、もっといえば政治権力の場で考えたときに、「オモテ」に当たるのはなんでしょうか。

まず朝廷ならば天皇、幕府ならば将軍という答えが考えられます。しかし、実はここからすでに怪しい。名実ともにオモテの存在であるはずの天皇や将軍が実権を握っていないケースは、日本の歴史においては半ば常態となってしまうからです。平安時代の摂関政治、それに続く院政では、摂関家や上皇など、いずれも天皇以外の人が最高権力者として君臨しました。武家政権になっても、鎌倉幕府では、源氏将軍は三代しか続かず、それを補佐する執権の北条氏がトップに立ちます。ずっと時代が下って、明治の元老政治もそうでしょう。

そこで少し基準を緩《ゆる》めて、天皇を代行する摂政《せっしょう》・関白《かんぱく》や、幕府のリーダーとしての執権は、まだオモテの存在として認めるとしても、ここでもズレが生じます。その典型例が鎌倉幕府で、北条氏の支配が続く中、執権よりも、北条本家（得宗家《とくそうけ》）の家長が決定権を持つようになるのです。

　ポスト（地位）と実権が必ずしも一致しない。これは日本の歴史の大きな特徴です。これまでの著作でも強調してきましたが、日本では「地位よりも人」。天皇だから、将軍だから偉いのではない。たとえば豊臣秀吉は、甥の秀次に関白の座を譲りましたが、依然として最高権力者は秀吉です。徳川家康も同様で、一六〇三年に征夷大将軍になった二年後には、もう息子の秀忠に継がせて、自分は駿府で隠居する。しかし、隠居である家康がトップであることに変わりはありません。

　このように、地位と実権が別々である状態は、黒幕的な存在を生みやすいといえます。なぜなら、天皇にせよ、将軍にせよ、オモテの人々は、朝廷や幕府といったオモテの組織が支えているからです。それは朝廷ならば律令《りつりょう》などのルールを持ち、序列化されたスタッフを抱え、正統な権力システムとして、一応は機能していました。たとえば太政大臣、左大臣、右大臣をはじめとする官人たちは、すべて天皇のためのスタッフです。そこには厳格な身分の秩序があり、出世のコースなどもほぼ決まっていました。

しかし、上皇は、そうした天皇を中心とする朝廷の秩序に必ずしも従う必要はないのです。だから、上皇の恣意《しい》的な寵愛によって、大きな権限を持つ者も出てきます。

こうしたオモテの秩序（律令に基づく朝廷システムなど）が後退する時代には、地位（官職）とは関係なく、ウラの存在、すなわち「黒幕」が活躍するのです。

私たちが日常的に使っている「黒幕」は、オモテに顔を見せることなく、ウラからオモテを操って、意のままに権力をふるう、というイメージでしょう。本書では、そうした「ウラの存在でありながらオモテを動かした人物」だけでなく、「地位と実権、実績に大きなズレのある人」、「重要な役割を果たしたが目立たない存在」にも、光をあてていきたいと考えています。

この本には、さまざまなタイプの「黒幕」が登場します。

その黒幕が活躍している当時から、「あいつが黒幕だ」「あいつが陰で何でも決めている」とよく知られていた人がいます。有名な黒幕、という矛盾した存在ですが、平安時代の終わり、後白河天皇の側近として力をふるった信西《しんぜい》などは、そうした人物でしょう。彼については後に詳しく述べますが、僧侶の身である信西は、朝廷の正式な役職に就くことなく、政治を切り盛りします。そのために、平治の乱（一一六〇年）で襲撃され、命を落としてしまうのです。

一方、後世になってみると、時代を変える大きな役割を果たしたことがわかる人物がいます。たとえば鎌倉幕府の初期に、源頼朝を支えた中原親能。ちかよし、と読みますが、どんな人物かすぐには浮かばない人も少なくないでしょう。ご心配なく。彼の章もちゃんと用意してあります。中原親能なしには鎌倉幕府は成り立たなかった――そういうと大げさなようですが、本当の話です。頼朝がつくった政権と、その前後に地方で勢力をふるった武士たちの違いは何だったのか。そこでカギを握るのが、中原親能なのです。

さらに、重要な役割を果たしているのに、後世、あまり注目されてこなかった存在も、ここでは「黒幕」として紹介します。いわば「過小評価されてきた黒幕」。そうした人物に光をあてるのが、私たち歴史研究者の使命でもある。私がずっと注目しているのは、細川頼之《よりゆき》です。足利義満の時代、将軍に次ぐ管領《かんれい》を務めていますから、陰の存在とはいえない。しかし、彼が朝廷と武家とを統合するという新体制を構想し、実現させた張本人である、と唱えているのは、私くらいかもしれません。

もっと気の毒な「黒幕」としては、歴史を振り返ったときに大きな仕事をしているのに、当時ですら高い評価が得られなかった、というケースもあります。本書で取り上げたのは、徳川家康の関東支配を支えた伊奈《いな》忠次《ただつぐ》や大久保長安《ながやす》ら実務官僚です。特に伊奈は後に天下の地となる江戸の整備に大きく貢献し、いち早く民政に取り組んだ先駆者でもありました。しかし、その功績に比して、徳川政権での地位、待遇は高くないのです。いわば「不遇な黒幕」といえるでしょうか。

「意外な黒幕」も登場します。歴史上、広く名が知られているが、実は、隠れたところで仕事をしていた、というケースです。本書では、高山右近《うこん》がこのカテゴリーに入るでしょう。織田信長、豊臣秀吉に仕え、最後はキリスト教の信仰を捨てずに国外追放になる、といった派手な生涯を送り、歴史小説や映画・ドラマでも取り上げられることが多い人気の武将ですが、実は、徳川幕府の成立前夜、ある大きな「仕事」を果たした、と私は考えています。この「仕事」は、史料などにはっきりとは記されていません。

ここが「黒幕」を論じる難しさのひとつです。オモテの史料には出てこない、しかし、状況証拠を丹念に追うと、歴史の謎が見えてくる。こうした「仮説」を立てる作業は、ともすれば「陰謀史観」として批判されがちですが、歴史上のすべてが史料に記されているわけではありません。特に機微に触れるものほど、隠されている部分があると疑うべきです。高山右近についての私の「仮説」が成り立つか否か、お楽しみいただければと思います。

実は、最後に論じる西郷隆盛も、この「意外な黒幕」に属します。誠実そのもののように描かれることの多い西郷どんのどこが「黒幕」なのか。これも読んでのお楽しみです。「黒幕」のあり方を知ると、その時代の権力の仕組み、日本社会がどのような力学で動いてきたか、がよく分かります。本書では、十六人の「黒幕」を紹介しながら、日本の歴史を新しい角度から見ていきたいと思います。

第一章　宇多天皇　オモテがウラになる時代

日本史の「黒幕」として、最初に取り上げるのが宇多《うだ》天皇（八六七－九三一、在位八八七－八九七）です。天皇といえば日本史でもオモテのなかのオモテの存在ではないか、それがなぜ「黒幕」なのか、という声が聞こえてきそうです。しかも宇多天皇は、菅原道真《みちざね》（八四五－九〇三）らを登用して天皇親政を行い、後世、「寛平《かんぴょう》の治」として高く評価されている名君でもありました。

しかし、当時の政治状況からすると、これは異例のことでした。平安時代といえば、教科書にも出てくる「摂関政治」の時代です。宇多天皇が即位する頃には、すでに藤原氏（正確には藤原北家）が政治の担《にな》い手として実績を重ね、天皇に代わって権力の中心となりつつありました。宇多天皇はその流れを押しとどめようとした最後の人だったといえます。

つまり政治のオモテが摂関家に移り、天皇が藤原氏によって決められ、動かされる時代になると、天皇が「黒幕」的に動いて、藤原氏と対抗せざるを得なくなる。そのために、宇多天皇は、当時を代表する大学者、菅原道真など、藤原氏以外の人材を抜擢していきました。

軍事的リーダーだった天皇

トップバッターとして、宇多天皇を取り上げたのは、ヤマト朝廷から平安に至る古代において、天皇がどんな存在だったかを考えてみたかったからです。

もともと古代の天皇は成人で、かつ男性であることが重視されていました。これはヤマト朝廷が成立するうえで、軍事の要素が大きかったことを意味しています。天皇には、政治の指導者、宗教上のカリスマなど、いろいろな要素があると考えられますが、なかでも軍事的指導者であることは重要でした。そのため、平安の初期までの天皇をみると、兄→弟というヨコの継承が目立ちます。前の天皇が退位するとき、息子はまだ幼いとなると、力の空白が出来てしまう。そのため、すでに成人している男性である弟が後を継ぐことになります。いわばリーダーとしての実力が問われていたわけです。

良くも悪くも、軍事力は権力の源たりえます。現代においても、外からの暴力に対し、国民の安全を守ってくれることが、国家が果たすべき最低限の役割でしょう。こうした「軍事を担う天皇」像は、平安の前期になってもまだ残っていて、五十二代の嵯峨《さが》天皇（七八六―八四二、在位八〇九―八二三）は空海、橘逸勢《たちばなのはやなり》と並ぶ三筆と称された能筆家としても知られていますが、鷹狩りを愛好するマッチョな一面を持っていました。織田信長が鷹狩りを好んだことは有名ですが、狩りは軍事演習でもあったのです。

さらに七世紀の後半になると中国から律令制度を輸入することになります。律令制は、すべての権限が天皇から発する、という建付けになっている。すべての民とすべての土地は天皇のものであり、太政大臣、左大臣、右大臣以下の中央組織も、国司、郡司といった地方官も、みな天皇によって任命され、権限を与えられている。ここでは天皇は文句なくオモテの存在だとされているのです。

古代に女性天皇が多い理由

古代に女性天皇が多いのも、実は、この「天皇は成人男性に限る」という暗黙のルールによるものだった――こういうと、逆説を弄《ろう》しているようですが、本当です。

たとえば持統天皇（六四五―七〇二、在位六九〇―六九七）は、夫の天武天皇（不明―六

八六、在位六七三－六八六）とともに壬申《じんしん》の乱を勝ち抜き、律令制の導入、記紀や『万葉集』の編纂《へんさん》など、その後の日本の基を築いた人物ですが、彼女には自分の血を受け継ぐ子や孫を天皇にしたいという明確な意思がありました。だからその意中の男性皇族が成人するまで、他の男性皇族に皇統を奪われないために、「つなぎ」として、自ら天皇に即位したり、日本初の上皇となったのです。

そうした女性天皇のなかできわめて異質な存在が、孝謙天皇（七一八－七七〇、在位七四九－七五八、称徳天皇として七六四－七七〇）です。彼女は女性でありながら、唯一、皇太子になりました。聖武天皇（七〇一－七五六、在位七二四－七四九）の娘、天武系の直系として、「つなぎ」ではなく、本命の天皇候補だったのです。

ところが、その治世の末期に道鏡問題が起きてしまいます。いったん退位して上皇となっていたとき、病を患った上皇のもとで快癒を祈った僧侶、道鏡（不明－七七二）を重用し、称徳天皇として重祚《ちょうそ》すると、道鏡を太政大臣禅師、法王に任じたばかりか、次の天皇にしろと言い出した。これも「女性の天皇だから、坊主につけこまれた」とのみ捉えるのは少し違うのではないか、と思います。つまり孝謙天皇（このときは称徳天皇ですが）が「次の天皇は自分が決める」という強い意思と正統性を主張しえた、いわば「強い天皇」

だからこそ起きた事件だった、とも考えられる。

私は、この道鏡問題によって、後につづく平安時代の貴族たちには二つの共通認識が生まれたのではないかと考えます。ひとつは「女性天皇は避けよう」、そしてもうひとつは「強すぎる天皇は要《い》らない」。

七歳で天皇に

藤原氏の台頭は奈良時代から始まっていました。孝謙天皇の父・聖武天皇の時代にはすでに藤原四兄弟が力を持ち、孝謙天皇を支えたのも、藤原南家を継いだ藤原仲麻呂（七〇六－七六四）でした。

実権を握りつつあった藤原氏にとって、天皇は神輿《みこし》のように担いでおけばいい存在になっていきます。そうして、平安時代に入ると、必ずしも成人男性である必要はない、子どもでも構わない、ということになるのです。

たとえば五十六代の清和天皇（八五〇－八八一、在位八五八－八七六）は八歳で即位、次の陽成《ようぜい》天皇（八六九－九四九、在位八七六－八八四）は生後三カ月で皇太子となり、七歳で天皇となりました。六十一代の朱雀《すざく》天皇（九二三－九五二、在位九三〇－九四六）も七歳での即位です。今でいえば小学校の低学年が国のトップになるわけです。当然、権力をふるえるはずなどありません。藤原氏は、一族の娘を天皇に嫁がせ、生まれた子どもを次の天皇の座に据えて、外戚《がいせき》として政治の実権を握る、という外戚政治を続けることで、朝廷の権力を掌中に収めるようになります。

ただし、清和天皇の頃には、まだ藤原氏以外にもライバルとなる、有力な貴族は残っていました。その代表的な存在が伴善男《とものよしお》（八一一－八六八）でしたが、八六六年の応天門の変で失脚、伴氏、紀《き》氏といった有力貴族が連座してパージされていきます。ちなみに伴氏は、古代の豪族、大伴氏の末です。

この応天門の変の後、藤原良房（八〇四－八七二）が摂政に任じられます。ここが誤解されがちなのですが、摂政とは「天皇を補佐する存在」ではありません。「天皇の権限を代わりに行う」というのが正しい。つまり摂政とは代理の天皇なのです。だから摂政の命令はすなわち「勅《ちょく》」、天皇の命令となります。

当時の朝廷の文書で「官宣旨《かんせんじ》」というものがあります。その最後には「勅を承《うけたまわ》るにこのようにせよ」となっている。このとき、「勅」を出しているのが摂政なのです。天皇が子どもや女性の場合、天皇を代行するのが摂政。天皇が成人しても、まだ実権を持っている場合が関白ということになります。

五十五代の文徳《もんとく》天皇（八二七－八五八、在位八五〇－八五八）の母は、藤原北家の当主である冬嗣《ふゆつぐ》の娘・順子。清和天皇の母は、藤原氏初の摂政となる藤原良房の娘・明子。続く陽成天皇の母は、良房の後継者で、のちに初の関白となる藤原基経（八三六－八九一）の妹・高子でした。五十八代の光孝天皇（八三〇－八八七、在位八八四－八八七）の母・藤原沢子は基経のおばにあたります。

このように、文徳天皇から四代、「藤原氏から生まれた天皇」が続きました。藤原氏はまさに「キング・メーカー」として、その権力基盤を固めていったのです。

母が藤原氏ではない天皇

そこでいよいよ宇多天皇の登場です。宇多天皇は二つの意味で、異例の天皇でした。

まず重要なのは、母親が藤原氏出身ではなかったことです。母は班子女王といって、桓武天皇（七三七－八〇六、在位七八一－八〇六）の皇子である仲野親王の娘でした。つまり藤原氏を外戚に持たない天皇だったのです。

では、宇多天皇は藤原氏とは何の関係もなかったかというと、そうではありません。宇多天皇は、歴代天皇の中でただ一人、臣籍降下《しんせきこうか》したことがある天皇なのです。

この経緯も興味深いのですが、宇多天皇の父・光孝天皇は、いわばピンチヒッター的な天皇でした。その前の天皇、陽成天皇の行いに問題があるというので、時の権力者、藤原基経は、陽成天皇を廃位させます。その後継をめぐって、複雑な経緯の末、文徳天皇の弟である光孝天皇が五十四歳という、当時としては高齢で即位するのです。このとき、有力な後継候補として、陽成天皇の弟である貞保親王がいました。光孝天皇は、自分の次はまた陽成天皇の系統に戻すべきだとして、自分の子どもたちに全員、源姓を与え、皇籍離脱させたのです。

宇多天皇は、光孝天皇の第七皇子でしたが、源定省《さだみ》となりました。ちなみに宇多天皇の息子の醍醐《だいご》天皇（八八五－九三〇、在位八九七－九三〇）は生まれたときには源維城でした。彼は皇族として生まれなかった唯一の天皇ということになります。

このように、本来ならその地位に就くはずのない人が天皇や将軍となったとき、大きな事績を残すケースは多々あります。徳川家でいえば、八代将軍・徳川吉宗は有名ですね。紀州徳川家の末の男子だった吉宗は越前葛野《かずらの》藩主で終わるところを、兄たちの死で紀州藩主となり、徳川宗家の嫡流が途絶えたために将軍となりました。順当な出世ではない分、自分の役割とは何かを考えざるを得ないのかもしれません。

そこで藤原氏との関係です。実は宇多天皇は、藤原基経の妹・淑子のもとで養育されていました。光孝天皇の死の間際、陽成系の親王ではなく、最終的に宇多天皇を選んだのも、時の最高実力者であった基経だったのです。

「阿衡事件」の意味

ところが、宇多天皇はその基経との間に、即位早々、トラブルを起こしてしまうのです。それが有名な阿衡《あこう》事件（八八七年）でした。宇多天皇は、太政大臣の基経に「万機はすべて太政大臣に関白し、しかるのちに奏下すべし」との詔《みことのり》を出します。これが「関白」の言葉が正式に使われた最初の例とされていますが、つまりは、今まで通り、すべてをお任せします、というわけです。これに対し、基経はいったん「自分には務まりません」と辞退する。いえ私ごときが、とのポーズを示すのは当時の通例でした。

そこで宇多天皇は重ねて、「宜《よろ》しく阿衡の任を以《もっ》て、卿の任となすべし」と伝えます。「阿衡」とは中国の古典で、殷《いん》の名宰相と呼ばれた伊尹《いいん》を指す表現なのですが、要は「あなたは伊尹のような立派な、余人をもって代えがたい存在だ」というわけです。それに対して、基経は「阿衡とは位は高いが、職掌はないと聞く。俺をないがしろにするつもりか。もう関白を辞める」と激怒した、あるいは激怒して見せた。

ここで「阿衡」とは本当はどういう意味なのか、などという議論はあまり意味がありません。基経は、自分が据えた新しい天皇に対して、誰のおかげで天皇になれたというのか、本当の支配者が誰か思い知らせてやろうと考えたのでしょう。要するに難癖《なんくせ》をつけて、マウントを取ろうとしたのです。

宇多天皇が仕掛けた改革

ここで、「いやいや、阿衡とは、そんな悪い意味ではありません」といって、仲裁に入ったのが菅原道真でした。当時、道真は四十代前半。菅原家は学者の家で、父の是善《これよし》も文《もん》章博士《じょうはかせ》、参議にまでのぼっています。道真も文章博士となり、当時讃岐《さぬき》国司に任じられていました。

宇多天皇は道真の才能に着目したのでしょう、八九一年、藤原基経が他界すると、道真を蔵人頭《くろうどのとう》に任じます。蔵人頭は天皇の側近中の側近で、菅原家のような学問の家から登用されることはほとんど前例がありません。異例の抜擢人事だったのです。

宇多天皇は基経の死後関白を置くことなく、道真や、文徳天皇の皇子で臣籍降下した源能有《よしあり》（八四五－八九七）などを使って、さまざまな改革を手掛けていきます。すでに述べたように、その治世は後に「寛平の治」として称えられました。最も有名なのは遣唐使の廃止（八九四年）ですが、私営田の抑制や国司の権限の強化、天皇に直属する検非違使《けびいし》や蔵人所の充実など、律令が理想とする天皇親政に近づけるような政策を打ち出したのです。それはとりもなおさず、藤原氏の力を削《そ》ぐ改革ということになります。

宇多天皇のバックアップのもと、菅原道真はどんどん出世していきます。寛平九年六月（八九七年）には、基経の嫡男である藤原時平（八七一－九〇九）が大納言兼左近衛大将《さこんえのだいしょう》、道真はそれに次ぐ権大納言兼右近衛大将となります。朝廷においては、左と右では左の方が偉いのです。このとき大臣が空位になっているので、時平と道真が太政官のトップになりました。翌月、宇多天皇は十二歳の息子、醍醐天皇に譲位します。この突然の譲位にはさまざまな説がありますが、私は、宇多天皇は息子を即位させることで、皇統を確保したかったのではないかと考えます。その証拠に、宇多上皇は醍醐天皇に「道真を重用するように」と強く求めました。その結果、道真は、八九九年、ついに右大臣にまでのぼりつめるのです。左大臣は時平でした。

しかし、異例の抜擢が波風を立てるのは、昔も今も変わりません。もちろん時平は藤原氏のトップとして、家格ではずっと下である道真の異例の出世も、道真を使って藤原氏を牽制しつつ天皇中心の政治を進めようとする宇多天皇も、面白くは思っていなかったでしょう。しかし、まだ時平本人はつねに道真よりも上のポジションに収まっているわけです。本当に不満を抱いたのは、道真に追い越されてしまった他の貴族たちでしょう。道真自身も、家格に見合わない出世は困る、と再三、辞意を伝えますが、宇多は聞き入れませんでした。しかも、宇多天皇は八九六年、道真の長女を自分の女御《にょうご》に迎え、さらに八九八年には三女を斉世《ときよ》親王（醍醐天皇の弟）の妃にします。こうした動きも藤原氏を刺激したことは間違いありません。

昌泰四年正月（九〇一年）、道真は「宇多上皇を惑わし、醍醐天皇を廃して、斉世親王を天皇にしようとした」として、大宰権帥《だざいのごんのそち》に左遷されてしまいます。このとき、宇多上皇は危険を察知して、道真をしっかりサポートすべきだったのですが、真言宗に傾倒し、出家して仁和寺に入り、高野山、比叡山などにもしばしば足を運んでいました。道真失脚の報を受けて、あわてて内裏《だいり》へ駆けつけたのですが、門前払いされて、中に入れてもらえない。道真は九州に飛ばされ、宇多上皇の目指した天皇中心の政治も途絶してしまったのです。

あっけなく崩壊した摂関政治

醍醐天皇の母は藤原氏出身でした。これ以降、七十一代の後三条天皇（一〇三四－一〇七三、在位一〇六八－一〇七三）が即位するまで、なんと百七十年も、藤原氏は天皇の外戚の地位を占め続けます。そして藤原道長（九六六－一〇二八）、頼通（九九二－一〇七四）の時代に、摂関政治の頂点を迎えます。

歴史の教科書などを読んでいると、良房、基経から数えて約二百年も続いた藤原氏による摂関政治は盤石《ばんじゃく》のシステムだったようにみえます。しかし、私にはそうは思えません。

藤原氏を外戚としない後三条天皇が出現すると、荘園整理令など、藤原氏の勢力に打撃を与える施策が次々に打ち出されます。さらに次の白河天皇（一〇五三－一一二九、在位一〇七三－一〇八七）は譲位後も権力を手放さず、上皇として院政を敷くのです。

摂関政治が盤石ならば、なぜこんなにも急激に凋落《ちょうらく》してしまったのでしょうか。

摂政・関白とは代理の天皇である、と前に述べました。外戚のポジションを世襲する摂関家は、いわば「第二天皇家」ともいえるでしょう。実態として、天皇と同じ権力がふるえるのならば、いっそ藤原氏が天皇になってもよさそうです。現に、中国や欧州の王家では、そうした王朝交代は珍しいことではありません。

しかし、藤原氏はそうしなかった。いや、できなかったのでしょう。それは天皇を中心とする律令体制を乗り越えるだけのシステムが構築できなかったからです。

そもそも律令は先進国・中国でつくられたシステムを無理やり輸入したもので、最初から日本の実情には合っていませんでした。それを端的にあらわしているのが、令外官《りょうげのかん》です。律令の外、すなわち、本来の律令にない官職を指すのですが、結局、必要な官職の半分以上が令外官になってしまいました。建て増し建て増しで、もとの姿がよくわからなくなった旅館のようなものです。

それでも律令に代わる、日本独自の体制をつくることはしない。それどころか、律令を改正することもほとんどなされません。これは天皇という存在は残したまま、それに寄生する摂関家で政治を回していくやり方と同じ構造です。

天皇というオモテが、藤原氏という、本来、それを支えるウラに支配される。それに挑戦しようとした宇多天皇は、強引な抜擢で逆転を狙う「黒幕」として、結局は、菅原道真とともに敗者とならざるを得ませんでした。オモテがいつしかウラになり、ウラがオモテになる。日本の歴史を形にしたら、そんなメビウスの輪のような形をしているのかもしれません。

第二章　信西　世襲の壁が生んだ黒幕

続いては本格的な「黒幕」の登場です。鳥羽上皇（一一〇三－一一五六、天皇在位一一〇七－一一二三）、後白河上皇（一一二七－一一九二、天皇在位一一五五－一一五八）の側近として、院政期に絶大な権力をふるった信西（一一〇六－一一六〇）です。彼は一級の知識人で、学識、先への見通しの面でも突出した能力の持ち主でした。その信西がどうして「黒幕」になったかといえば、世襲の壁に出世を阻《はば》まれてしまったからです。そんな信西に活躍の舞台を与えたのが、いわゆる院政でした。

そもそも院政とは、実はかなりイレギュラーな権力形態です。

古代政治のひとつの基準である律令体制は、さすがに整然とした秩序に基づいています（整然としている分だけ、現実から遊離しているともいえますが）。あくまでも権力の源は天皇。太政大臣をはじめとする朝廷の権力も、すべて天皇に由来している。その朝廷内のヒエラルキーも、律令できちんと決められています。日本の朝廷の場合、そこに家格というものが入ってきます。

それに対して、上皇の権力は、ひとえに天皇の父である、その一点に由来します。つまり、家長の原理が国家の原理を超越している状態です。上皇にはオーソライズされた朝廷のスタッフがつかないかわりに、自分の好きな人物を近臣として集め、勝手に力をふるうことができます。その意味では、院政とは、上皇の個人的な縁故に基づく、恣意性の高い権力であるといえるでしょう。

そこで信西はいかなる「黒幕」としてふるまったのでしょうか。

学者の道を絶たれて

まずは信西のプロフィールからみていきましょう。出家前の名前は藤原通憲《みちのり》。藤原氏といっても、隆盛を誇った藤原北家ではなく、藤原南家の学者の家に生まれました。儒官の家として知られましたが、家格は高くなく、曾祖父の実範《さねのり》、祖父の季綱《すえつな》が大学頭《だいがくのかみ》に任じられているのが最高の出世、といったところでした。大学頭は、式部大輔《しきぶのたいふ》、文章博士とともに大学寮に関連する官職です。その意味では、菅原道真を生んだ菅原家と同じ学問の家なのですが、参議にまでのぼることがある菅原家のほうが格が上です。信西がそうした中級貴族の出身であることは、その後の人生を大きく規定することになります。

　代々儒学を学ぶ家の一員として、当然、藤原通憲も学者としての人生を思い描いていました。ところが通憲少年がまだ六歳のとき、父の実兼《さねかね》が急死してしまいます。そこで縁戚の高階《たかしな》家の養子となるのです。この高階家は摂関家のもとで働いたり、上皇の近臣を務めつつ、地方の国司を歴任する家で、学問の家ではありませんでした。しかし、権力者に近く仕え、受領《ずりょう》として地方からの収入もあるため、裕福な家ではあった。そこで通憲は勉学に励んで、めきめき頭角を現していくのです。

　ところがここでジレンマです。法令と判例を集成した『法曹類林《ほっそうるいりん》』の編纂や、のちには、正史である「六国史《りっこくし》」を継ぐ史書『本朝世紀《ほんちょうせいき》』（未完）にたずさわるなど、優秀な学者として朝廷でも知られる存在になるのですが、高階通憲としては、学者にふさわしいルートには進めませんでした。世襲社会においては、家格がすべてです。どこまで出世できるかだけではなく、仕事の内容、方向性も決められてしまうのです。

鳥羽上皇の近臣に

そんな悩める高階通憲の前に開けてきたのが、時の上皇、鳥羽上皇とのコネクションでした。通憲の同世代で、鳥羽上皇のお気に入りだった藤原家成（一一〇七－一一五四）という人がいます。藤原北家の出身で参議・家保《いえやす》の三男、自身も中納言になるのですが、通憲はこの家成と親交を深めるのです。

家成は、平忠盛（一〇九六－一一五三）・清盛（一一一八－一一八一）父子とも交流がありました。忠盛は白河上皇（一〇五三－一一二九、天皇在位一〇七三－一〇八七）、鳥羽上皇に北面の武士として仕え、院政を武力の面で支えていました。清盛の継母で、源頼朝（一一四七－一一九九）の助命を嘆願したことでも知られる池禅尼《いけのぜんに》は家成のいとこにあたります。この家成ルートで、通憲、のちの信西は早くから平氏の知遇を得ていた可能性があります。

通憲は鳥羽天皇の中宮で、崇徳天皇（一一一九－一一六四、在位一一二三－一一四二）、後白河天皇を生んだ藤原璋子《しょうし》（一一〇一－一一四五）に仕えます。この璋子はのちに待賢門院《たいけんもんいん》と称し、白河上皇の後ろ盾を得て、隠然たる権勢をふるいます。通憲は待賢門院蔵人、崇徳天皇の蔵人も務めますが、もともと彼が進みたいのは学問の道であり、朝廷の下働きのような仕事は満足のいくものではありませんでした。

そんな通憲に、後から振り返ると大きなきっかけとなる出来事が起こりました。二人目の妻である藤原朝子が、鳥羽上皇の第四皇子、雅仁親王の乳母に選ばれたのです。一一二七年のことでした。この雅仁親王がのちに後白河天皇になります。この後白河とのかかわりが、その後の信西にとって決定的な影響を及ぼします。

とはいえ、この時点では、雅仁親王は「将来の天皇候補」というわけでもありませんでした。長じてからも、父である鳥羽上皇からまったく評価されていません。信西も、この皇子は無能で、全然だめだとみていました。また親王の乳母といっても一人ではなく、何人もいるなかでのワン・オブ・ゼムに過ぎません。

通憲にとっては、むしろ鳥羽上皇に接近できたことが大きかったはずです。上皇は通憲の学識を高く評価して、院御所《いんのごしょ》に昇ることができる院殿上人《てんじょうびと》、院判官代《ほうがんだい》といったポジションにつけます。天皇の御所に昇殿できる殿上人に比べて、院殿上人は上皇が気に入った人なら身分の縛りが緩かったのです。

その後、通憲は地方官として日向《ひゅうが》守に任じられますが、彼の失望は深いものがありました。彼が藤原通憲のままだったら、大学頭、文章博士、式部大輔といった大学寮の役職に就けたでしょう。それが高階通憲になったばかりに地方官のコースしか選択肢がなくなってしまったのです。

改名で人生が変わる？

名字が変わるだけで人生が変わる。いまの私たちには信じられませんが、それが当時の「秩序意識」でした。

そのわかりやすい例が、鎌倉幕府で文官ナンバー1だった大江広元（一一四八－一二二五）の改名です。もともと広元は中原広元を名乗っていました。中原家というのは、明経道《みょうぎょうどう》（儒学）を家学とする下級の官人で、どんなに頑張っても公卿《くぎょう》になれない家でした。三位《さんみ》に上がった人は一人もいない。要するに一流貴族には仲間入りできない家格だったのです。

ところが、広元は鎌倉幕府の要《かなめ》になりました。すると、朝廷のほうで、あなたにふさわしい官位を与えたいというサービスをもちかけるようになります。そこで広元は、つながりのあった大江を名乗るのです。大江であれば三位に昇った人は何人もいます。大江広元になることで、いつでも三位を受けますよ、というメッセージを朝廷に送ったわけです。

信西の場合は、藤原と高階、どちらに属するかという問題でしたが、広元の場合はただ名字が中原から大江にかわっただけです。しかし、そこに官位のうえでは越えがたい壁があったということになります。

結局、大江広元は三位にはなれませんでした。執権の北条義時に、「あまり偉くなると殺すよ」と脅《おど》されたからです。義時は鎌倉幕府のトップに立っても、位は従四位下、官職は地方官である陸奥《むつ》守にとどまります。

出家と遁世

話を通憲に戻します。誰にも負けない学識を誇りながら、学問の道には進めない。それに絶望した通憲は、僧侶となって、遁世することを考えます。

ここで重要なのは、出家と遁世の違いです。出家とは僧侶になることですが、まだ社会とのつながりを残しています。たとえば上皇が出家すると法皇になりますが、後白河法皇は出家した後も子どもをつくっています。

それに対して、遁世は完全に世俗と縁を切る、世捨て人になることを意味します。出家者はキラキラした袈裟《けさ》を着ますが、遁世者が着るのは真っ黒な黒衣《こくえ》。だから一目で遁世者と分かる仕組みになっていました。代表的なのは西行《さいぎょう》（一一一八－一一九〇）です。百人一首の絵札で墨染めの衣を着ているのが遁世僧です。

興味深いのは、通憲はこの悩みを、後に保元の乱で敵対する藤原頼長（一一二〇－一一五六）に打ち明けていることです。頼長は摂関家の次男で、のちに左大臣まで出世する御《おん》曹司《ぞうし》です。政治家としては失敗しますが、文化人としては一流でした。その頼長に、「臣、運の拙《つたな》きをもって一職を帯せず。すでにもって遁世せんとす」と告げ、それを聞いた頼長が涙を流した、と頼長の日記『台記《たいき》』に記されています。

それを伝え聞いた鳥羽上皇は、通憲に藤原姓に戻ることを許しました。そのうえ、少納言に任命します。しかし、この少納言というのが微妙なポジションでした。大納言、中納言は重要な官職で、その後の出世もあり得るポストなのですが、少納言は、他に処遇のしようがない人をとりあえず置いておくようなイメージです。ここで重要なのは、治天《ちてん》の君である鳥羽上皇でさえ、信任する高階通憲をたとえば一気に中納言に昇進させることはできなかったことです。それだけ世襲と家格の壁は厚いのです。

通憲は、少納言に任命されたその年に、出家してしまいます。ここから通憲は、僧侶・信西となります。一一四四年のことでした。

次期天皇人事で暗躍

信西の黒幕人生はここから始まりました。官職を持たないからこそ、自由にいろいろとゲリラ的な活動を行うことができるようになったのでしょう。出家によって、世襲社会のくびきから逃れることができた、ともいえる。この時期から信西は鳥羽上皇の政治顧問となり、存在感を高めていきます。

　ここで朝廷を揺るがす事件が起きます。時の近衛《このえ》天皇（一一三九－一一五五、在位一一四二－一一五五）が十六歳の若さで急死してしまうのです。

　もともと鳥羽上皇の寵愛を競っていたのは、先に登場した待賢門院璋子（崇徳、後白河の母）と、近衛天皇を生んだ美福門院《びふくもんいん》得子（一一一七－一一六〇）でした。

　待賢門院は、鳥羽上皇の祖父である白河上皇とも関係があって、崇徳上皇は白河の子ではないかという疑いがもたれていました。そのために、鳥羽と崇徳の関係は冷ややかなものがありました。

　では、次の天皇は誰にするか。近衛天皇は若くして死んだために、後継ぎはいません。まず候補に挙がったのは、崇徳上皇の皇子である重仁親王でした。いってみれば待賢門院系です。しかし、鳥羽上皇は、仲の悪い崇徳上皇の息子が天皇となることを嫌がりました。

一方、美福門院が生んだ男の子は、近衛天皇ひとりでしたが、雅仁親王の息子である守仁親王を養子にしていました。そこで美福門院は守仁親王を天皇に、と言い出すのです。この守仁親王が、のちの二条天皇（一一四三－一一六五、在位一一五八－一一六五）です。守仁親王は生後すぐに母を亡くし、祖父である鳥羽上皇に引き取られて、美福門院のもとで育てられました。美福門院としては、守仁親王を天皇にすることで、自分の政治的な発言力を維持したい、という計算があったわけです。

このとき、守仁親王は十二歳でした。まだ年少に過ぎるのではないか、そもそも彼の父である雅仁親王が皇位に就いていないのに、息子がそれを飛び越えて天皇になるのは秩序を乱すことになるのではないか、という声が朝廷のなかで出てきます。ここで雅仁親王擁立に暗躍したのが信西だったのではないかと考えられます。いったん雅仁親王を後白河天皇にして、すぐに下ろして守仁親王を天皇にします、ということで、美福門院側のＯＫを引き出した。おそらく信西は、鳥羽上皇の意を受けて、策を練ったのでしょう。

最終的な天皇の人事権を握っているのは、もちろん治天の君である鳥羽上皇です。しかし、待賢門院系と美福門院系が次の天皇をめぐって争っている。そこで鳥羽上皇が見出した解が、待賢門院の息子であり、かつ美福門院が推す候補の父でもある後白河天皇だったわけです。

信西も鳥羽上皇も、後白河の君主としての能力はまったく評価していませんでした。いつでも取り替えの利《き》く「つなぎ」だからこそ、みなが後白河の即位を「落としどころ」として受け入れたのです。

代替わりは、権力の秩序が最も不安定になる瞬間です。そこで、利害の異なるプレイヤーたちの間を動き回り、なんとか容認できる合意点を見つける。まさに「黒幕」の腕の見せどころでしょう。

武力を使って権力闘争を制す

問題は後白河天皇即位の翌年、一一五六年に鳥羽上皇が死去してしまったことです。そもそも後白河天皇の即位に、怒りを募らせていた人物がいます。崇徳上皇です。本来ならば、自分の息子が次の天皇となり、崇徳上皇は、天皇の父として、鳥羽上皇の次の治天の君になるはずでした。それを鳥羽上皇に邪魔され、出来の悪い弟の後白河が天皇になったばかりか、守仁親王が次の天皇になれば、治天の君となるのは後白河なのです。鳥羽上皇亡き今、崇徳上皇が大きな不満を抱え込んでいるのは間違いありません。

信西は鳥羽上皇の葬儀を取り仕切ると、後白河天皇の側近として、事態の収拾を考えます。ここで信西が持ち出した方法論は、当時の平安貴族たちの常識を超えるものでした。すなわち、武力による解決です。

平安時代、ことに京の都では三百六十年もの間、戦争は起きていません。したがって貴族たちには戦って雌雄を決するという発想は失われていました。そのなかにあって、信西は平氏、源氏といった武士たちに動員をかけ、崇徳上皇方を挙兵に追い込みます。結果は、後白河方の一方的な勝利でした。これが世に名高い保元の乱（一一五六年）です。

おそらく信西の頭脳には中国史の知識がインプットされていたのでしょう。さらに白河上皇、鳥羽上皇がやしなってきた武士という新しいパワーについても認識していたと思います。そのうえで、信西は戦争の勝利による権力の集中をテコとして、上皇の配流《はいる》、死刑の復活といった戦後処理に始まり、一気に、新しい権力の形をつくっていきます。

信西が目指したもの、それは後白河天皇を中心とした天皇親政と摂関家の弱体化でした。荘園の整理を行い、広く薄く税を集めて、大内裏（大極殿《だいごくでん》）を再建する。もともと儒学者であった信西の理想は、律令制の再建にあったと思います。だから、天皇親政を強化し、内裏を再建して、本来の秩序を取り戻そうとした。その意味で、信西の政治思想は非常に正統的なものだったと考えます。『法曹類林』の編纂も、単なる学究としての取り組みだけではなく、法体系＝律令の復活、再生をもくろむものだったと位置づけられるでしょう。

さらにいえば、権力の根幹には武力が必要だ、という認識も、ある意味で、リアルな権力観だったのではないでしょうか。平氏、源氏といった武士たちを手なずけながら、天皇権力の内側にいかに取り込むかを考えていた。先の見える信西は、息子の藤原成範《しげのり》を平清盛の娘と婚約させるなど、平清盛を武家のパートナーと位置付けていました。

理念と現実

私は、信西が目指した政治には三つの要素が必要だったと考えます。ひとつは律令の復活、次に権力を生み出す源としての武力、そして最後に、徳のある君主。残念ながら、信西は彼の理念を担う君主を得られなかった。後白河のような、信西の理想とはかけ離れた人物を担がざるを得なかったのです。

とはいえ、後白河上皇は異常なまでの政治力の持ち主だったともいえます。平清盛に頼り、それが気に入らなくなったら、木曾義仲（一一五四－一一八四）を呼び込み、それを源義経（一一五九－一一八九）に討たせて、源頼朝にもぶつけてみる。そのつど、目の前にいる力を取り込み、次々と乗り換えていくことで延命をはかろうとした。それが後白河上皇の「政治力」でした。「今だけ、（他人の）力だけ、自分だけ」の権化《ごんげ》のような人物ですが、それが当時の貴族社会ではむしろ支持されたわけです。

本来、信西の理念からいえば、上皇による近臣政治も、あるべき律令政治からは大きく逸脱したものだったに違いありません。しかし、信西のつらいところは、その上皇による近臣政治こそが、彼の唯一の権力基盤だったことです。

結局、信西は、鳥羽なり後白河なりの「お気に入り」であるというきわめて脆《もろ》い立ち位置で、政治を行わざるを得ませんでした。それが「黒幕」の限界です。あれだけの高い能力を持ちながら、どこまでいっても自立した権力を築くことができず、上皇の威を借りるほかなかった。

たとえば後白河上皇の側近として、藤原信頼（一一三三－一一六〇）がいます。この男は、後白河と男色の関係にあったとされ、極言すればただそれだけで権力の中枢に入り込んでいる。能力的には信西とは比較にもなりませんが、どちらが後白河に近いのか、という一点において、信西と信頼はライバル関係になってしまうのです。これが「お気に入り政治」の怖さです。どんなに優秀でも、無能なお気に入りに追い落とされることがある。

もし信西がそれなりに政治の中枢に関与できる家に生まれて、オモテの存在として権力をふるっていたら、歴史はかなり異なっていたでしょう。その意味で、彼は「世襲の壁が生んだ黒幕」といえます。後白河のブレーンとして朝廷を切りまわしているとき、信西の肩書は「少納言入道」です。これ自体、何の権限もない、ほとんど意味のない肩書ですが、実体が何もないからこそ、朝廷のヒエラルキーとは別のところで、政治を動かすことができた。その意味では、やはり、信西こそ「いかにも黒幕らしい黒幕」かもしれません。

第三章　北条政子　女人入眼の日本国

私の専門は鎌倉時代ですが、これまでどちらかというと苦手としていて、あまり正面から取り上げてこなかった重要人物がいました。それが本章の主人公（ヒロイン？）、北条政子（一一五七－一二二五）です。

源頼朝（一一四七－一一九九）の妻にして、二代将軍頼家（一一八二－一二〇四）と三代将軍実朝（一一九二－一二一九）の母。父の北条時政（一一三八－一二一五）、弟の北条義時（一一六三－一二二四）はいずれも鎌倉政権の中心人物です。政子がいなければ、北条氏の繁栄がなかったことは間違いない。そこまではいいとして、では、政子自身はどこまで政治に関与したのか、鎌倉幕府の中でどの程度力があったのか、よくわからないのです。

鎌倉幕府による正史というべき『吾妻鏡《あづまかがみ》』では、政子の死に際して、漢帝国の創始者、劉邦《りゅうほう》の妻である呂后《りょこう》や、三韓征伐を行ったとされる伝説の皇后、神功《じんぐう》皇后まで引き合いに出して、天下の政務を執り行い、我が国の根本を護られたと、言葉を尽くして褒め称えています。実朝の死後「尼将軍」として幕政を担った、とか、義時が権力を掌握できたのも政子の後ろ盾があったからだ、という見方もあるのですが、本当にそうなのか。義時が権力を掌握するプロセスをみると、あくまで主体は義時自身にあります。むしろ義時が、政子を「尼将軍」に見立てて、幕府運営にうまく利用した、というべきでしょう。

だからといって、政子は義時の操り人形だったのか、というと、それも違います。後に述べるように、要所要所で、政子は端倪《たんげい》すべからざる政治的な判断を見せているのです。

承久の乱（一二二一年）の前夜ともいえる時期に書かれた有名な史書に『愚管抄』があります。著者である慈円（一一五五－一二二五）はまさに北条政子と同世代で、父も兄も摂政・関白、自身も天台宗のトップである天台座主《ざす》を務めたというスーパーエリートでしたが、その慈円は、当時、朝廷で後鳥羽上皇（一一八〇－一二三九、天皇在位一一八三－一一九八）の側近として権勢を誇った藤原兼子（一一五五－一二二九。卿二位《きょうのにい》とも呼ばれた）と北条政子を指して、「女人入眼《にょにんじゅげん》の日本国」と評しています。つまり、いまの日本は女性が決定権を握っている、と。同時代の鎌倉と京都において、同じような事態が起きていたわけです。

この両者の共通点は何か。本書で取り上げる「黒幕」には、「オモテの権力者の間近にいて、影響力を及ぼす」というタイプがあります。そこに北条政子を当てはめたらどうか。彼女は三代の源氏将軍、執権である弟の義時といったオモテの存在によって、大きな存在感を発揮しつづけました。ちょうど太陽の光を受けて輝く月のようなもので、政子自身が自立した権力の主体にはけっしてならない。

前の章で、後白河天皇が即位する際、鳥羽上皇の妻たちの存在が、天皇の人事に大きな影響を及ぼしたことを説明しました。彼女たちが当時の貴族社会において、トップクラスの発言権を持っていたことは疑いがありません。上皇の恣意に左右されやすい院政においては、寵愛を受ける女性の発言力が強くなるのです。

西に天皇あれば、東に将軍あり。北条政子と、上皇の周辺で力をふるった女性たちを、ともに同時代の「黒幕」として捉えることで、彼女たちの実像をみてみたい。そこから、平安から鎌倉に移る時期の日本の権力構造が見えてくるのでは、と考えています。

政子は嫉妬深かった？

それでは、北条政子の生涯をたどっていきましょう。二〇二二年のＮＨＫ大河ドラマ

『鎌倉殿の13人』を毎週楽しみに観ていた人も多いと思いますが、あの場面の背景には、こんな史実があったのかと楽しんでいただければ幸いです。

伊豆の小さな豪族だった北条時政のもとに、ひとりの流人《るにん》が託されます。言わずと知れた源頼朝です。流人とはいえ、平治の乱（一一六〇年）で謀反人《むほんにん》とされるまでは、従五位下右兵衛権佐《うひょうえごんのすけ》というれっきとした貴族にして、将来の源氏の棟梁《とうりょう》ですから、政子は惚れ込んでしまいます。

実は頼朝には前科があって、同じく伊豆の在地領主である伊東氏のもとに預けられているときも、その家の娘との間に子どもをつくってしまいました。それに当主である伊東祐《すけ》親《ちか》は激怒して、子どもを殺し、頼朝も殺そうとした、と『曾我物語』には記されています。それに対して、時政はぐっとこらえて、頼朝と政子の仲を許した。これがのちの鎌倉幕府につながるとは、夢にも思っていなかったでしょう。

頼朝の妻としての政子で有名なのは、「亀の前騒動」という事件でしょう。平家打倒を掲げて挙兵した頼朝が、鎌倉に拠点を構えたのが一一八〇年。私はこのとき、鎌倉幕府が成立したという説を唱えています。その二年後の一一八二年のことです。頼朝が伊豆時代から寵愛していた亀の前という女性を、政子に隠れて、逗子《ずし》に住まわせていたところ、それを知った政子が激怒、亀の前の家を襲わせ、破壊してしまったのです。これに頼朝は怒って、襲撃した実行犯を厳しく叱責しましたが、政子には何も言えなかったようです。これは『吾妻鏡』に出てくるエピソードで、政子といえば「嫉妬深い」というキャラクターが定着してしまいました。しかし、これは単なる焼きもちだったのでしょうか。私はここに政子一流の「政治」を感じますが、それは後でまた述べたいと思います。

二人の息子を失って

政子は、頼家と実朝という二人の将軍を生むのですが、頼家は時政によって修禅寺に幽閉された上に暗殺、実朝も暗殺されてしまいました。私はこれにも北条義時が深く関与していたと考えます。詳しくは拙著『承久の乱』および『北条氏の時代』（いずれも文春新書）に譲るとして、義時を中心とした鎌倉政権は、実朝暗殺の背後関係を深く追及しようとせず、それどころか頼朝直系の男子を次々と殺していきます。

ここで気になるのは、政子の反応です。大事な息子を二人までも亡くした政子は、先にも述べたように、「尼将軍」として弟の義時を支えていきます。これに対して、母の情を胸中深く隠して、夫の頼朝の遺志を継ぎ、武士政権のために尽くした、という評価もありますが、はたしてどうだったのか。

　というのも、『吾妻鏡』にはこんなエピソードも紹介されています。あるとき、頼朝が富士の裾野で巻狩《まきがり》を催します。そこで少年の頼家が初めて鹿を射止めた。頼朝は大喜びで、わざわざ使者を出して政子に報告させたところ、政子は「武士の子どもが鹿を射るのは当たり前でしょう。親バカもいい加減にしなさい」と取りつく島もなくて、使者はしょんぼり帰ってきた、と。このエピソード自体が疑わしい、という見方もありますが、そうだとしても、『吾妻鏡』がこれを書き記していることの意味は考える必要があるでしょう。

　これを政子と頼家の母子関係としてみたとき、しつけに厳しい賢母というよりも、やはり政子の頼家に対する冷淡さ、無関心さが強く感じられます。というのも、頼家は比企《ひき》氏の家で生まれて、その後もずっとそこで育てられました。比企氏出身の比企尼（生没年不詳）は、頼朝が最も慕った乳母だったのです。嫡男を託すほどですから、比企氏は頼朝から最も信頼されていた。北条氏にとっては最大のライバルなのです。実際、時政は頼朝の死後、比企氏を滅ぼし、ついで頼家を排除しました。

　ちなみに私の師匠である石井進は、この鹿狩りのエピソードは、頼朝の意図が政子に伝わらなかったことを意味している、という説を唱えていました。当時の武士にとって、富士という神聖な場で鹿を射たということは、神からのプレゼントを得たということであり、武門の長《おさ》を継ぐ者としてのお墨付きをもらった、と頼朝は考えたはずだ、というのです。

私も、この解釈は当たっていると思います。

実朝の場合はどうでしょう。『承久記』では政子が実朝の死を深く悲しみ、「どうして一人残された私だけが、この憂いの多い世に生きなければならないのでしょうか。淵瀬に身を投げようとさえ思ったものです」と語っています。母親としてはもっともな感情でしょうが、実朝は母・政子をどう思っていたのか。

神奈川県の秦野《はだの》というところに実朝の首塚があります。その横に建っている歌碑を見て、思わずうなってしまいました。

〈物いはぬ四方《よも》のけだものすらだにもあはれなるかなや親の子をおもふ〉

実朝の歌集『金槐《きんかい》和歌集』にある有名な和歌ですが、「ものを言わない動物だって親は子を思うものなのに……」とうたっているわけです。それに続くのは、「どうして私の親は、子を思ってくれないのか」でしょう。親の情けへの渇望が切実に詠《よ》まれています。

源氏の妻か北条氏の娘か

こうしてみると、政子のアイデンティティは婚家である源氏ではなく、実家である北条氏のほうに傾いていたのではないでしょうか。そもそも北条政子と呼ばれているのは、夫婦別姓を先取りしていたからではなくて、結婚しても実家の北条家に帰属しているからなのです。だから、夫方の源氏の存続よりも、実家の北条氏の運命のほうがより重要だったと考えると納得がいきます。

そう考えると、先の亀の前騒動も違った側面が見えてきます。亀の前だけではなく、政子は頼朝の周りの女性を徹底的に排除しようとしますが、これも将軍家と北条家の特別な関係を維持する、という意図があったのではないか。というのは、当時の家柄の論理では、北条家は何者でもない、吹けば飛ぶような弱小在地領主に過ぎないわけで、もっと名門の女性とか、頼朝に寵愛される女性があらわれたら、政子だけでなく、将軍家の外戚としての北条氏の存在も否定されてしまう。

そう考えると、頼家、実朝が排除されていく過程は、北条氏が、将軍家の外戚であることから、より自立した権力になっていく過程でもあったといえるでしょう。さらに源氏を継ぐ後継者候補を消していくことで、最後に残った源氏を象徴する存在が、「頼朝の妻」

として源氏の皮をかぶった「尼将軍」、北条政子だったのです。

「尼将軍」の政治力

それを最もよくあらわしているのが、あまりにも有名な、承久の乱の際の政子の演説でしょう。後鳥羽上皇から北条義時を討てとの手紙が届く。それはとりもなおさず、鎌倉政権の否定でした。北条の館に有力御家人《ごけにん》を集め、政子はつぎのように語ります。

「故右大将軍（頼朝）が朝敵を征伐し、関東を草創して以後、官位といい、俸禄といい、その恩は既に山よりも高く、海よりも深い。（その）恩に報いる思いが浅いはずはなかろう」

　実際には政子が直接、御家人たちに語りかけたわけではなく、頼朝の流人時代からの側近、安《あ》達《だち》盛長（一一三五－一二〇〇）の嫡男・景盛《かげもり》（不明－一二四八）が代読していました。

　ここで私が指摘したいのは、政子の演説があったから、御家人たちが朝廷（についた武士たち）との戦いを決意したというわけではないことです。関東の御家人たちが上皇の命に反して、義時を支える政子のもとに集まった時点で、すでに決断はなされていた。彼らは「恩」、すなわち自分たちが切り拓《ひら》いた土地を守ろうとつくり上げた鎌倉幕府のために立ち上がったのです。

政子はそれを踏まえたうえで、鎌倉の現体制と頼朝とを結びつけて語ったのでしょう。頼朝のもとに集まった関東の武士が、いまも結集しているからこそ、朝廷もそれを認めざるを得ないのだ、と政子は訴えたのです。

源氏と北条氏を結ぶこと、それが政子の政治でした。政子は一二二五年に亡くなりますが、その後も北条氏は、自らの正統性を強調するために、政子の存在を利用します。

政子の死から七年、北条泰時（一一八三－一二四二）は武家政権初の法律である「御成敗式目」を制定します（一二三二年）。そこには「右大将家以後代々の将軍ならびに二位殿、御時宛《あ》て給はれし所領等、本主の訴訟により改補せらるるや否やの事」という一条があります。

条文の意味は、源氏将軍三代と政子のときに決めた土地の権利は動かない、というものです。先にも触れた通り、右大将とは頼朝のこと、二位殿とは政子を指します。政子を介することで、幕府の正統なリーダーが、三代の源氏将軍から北条氏につながっていることを示しています。

しかし、前にも述べたように、政子は単なる傀儡《かいらい》ではなく、政治力、行動力の持ち主でもありました。それをよくあらわしているのが、一二二四年、義時の死後に起きた「伊賀氏の乱」と呼ばれるクーデター未遂事件です。真相のはっきりしない複雑な事件なのですが、政子の行動に焦点をあてて、簡単に紹介したいと思います。

義時はもともと比企一族の娘を妻にしていましたが、離縁して、次に有力御家人である伊賀氏から、伊賀の方（生没年不詳）を後妻に迎えていました。

義時の死後、嫡男の泰時が後を継ごうとしたところ、伊賀の方が、自分の生んだ北条政村（一二〇五－一二七三）を執権にしようとした、という噂が出ました。これに対し、当の泰時は事実ではないだろうと、何の動きも見せません。やがて伊賀氏がやはり有力御家人である三浦義村（不明－一二三九）のもとを頻繁に訪れているという情報が入りました。三浦義村といえば、実朝暗殺をはじめ、ありとあらゆる事件、陰謀に顔を出す鎌倉幕府きっての曲者《くせもの》です。すると北条政子は女房一人を伴って、ひそかに三浦義村の家に赴きます。そして、「政村を支えて世を乱す企てがあるのか否か、はっきりと申せ」と義村を一喝したのです。勝負あった、といったところでしょう。義村は翌日、泰時を訪ね、伊賀の連中にはよく言っておきました、と頭を下げます。その結果、伊賀の方は伊豆の北条へ追放されました。

このクーデター計画自体は実体のないものだった可能性が高い。その証拠として、伊賀の方は処罰されましたが、ほかの伊賀一族にも、さらには執権に担がれたはずの北条政村にも重いおとがめはありませんでした。政村は兄の泰時に忠実に仕え、幕府の重職を歴任、執権にも就いています。

私は、この架空のクーデターをでっちあげた本当の「黒幕」は政子だったと考えています。その目的は、伊賀の方の排除でした。北条氏が頼朝の外戚として、権力基盤を築いたように、今度は伊賀氏が北条家の外戚として、義時以後の政局に介入するおそれがある、と政子は考えたのです。つまり第二の北条政子をつくってはならない、と。そこで偽のクーデターで、お家騒動の芽を未然に摘《つ》んだ。三浦義村の動きが怪しいのはいつものことですが、おそらくここでは政子と共謀していたと思われます。この事件において、政子は謀略家としての優れた手腕を発揮したと評価できるでしょう。

藤原兼子と宮将軍を画策

ここまで政子の生涯を振り返ってきましたが、慈円が「女人入眼の日本国」と評したもう一人の女性、藤原兼子にも触れておきたいと思います。実は政子と兼子の運命は、いっとき、深く交錯します。

後鳥羽天皇の乳母だった藤原兼子は、長じても後鳥羽天皇から厚い信任を受け、一一九九年には典侍《ないしのすけ》に任じられます。藤原定家（一一六二－一二四一）の日記『明月記』には、建仁三年正月（一二〇三年）の除目《じもく》（官職を任命する儀式）を兼子が取り仕切ったと記されています。

そして一二一八年、北条政子が京都にやってきます。表向きは熊野への参拝でしたが、本当の目的は子どものいない実朝の後継問題について、朝廷と話し合うことでした。そのとき、政子のカウンターパートとなったのが兼子だったのです。兼子の推挙によって、政子は従二位という異例の高い官位を得ました。兼子は、次期将軍として、後鳥羽上皇の皇子で、自分が養育していた頼仁親王（一二〇一－一二六四）を推薦、政子も同意しました。いわゆる宮将軍です。二人の女性で、将軍人事を決めたのですからまさに「女人入眼の日本国」です（後鳥羽上皇、義時の意向を汲んでいたとは思われますが）。

しかし、翌一二一九年、実朝が暗殺されます。後鳥羽上皇は鎌倉幕府への強い不信を抱き、鎌倉に頼仁親王を送ることなどもってのほかだと拒絶します。そのために、上皇と兼子の間も疎遠になってしまいました。先にも述べたように、兼子の権力は、あくまでも後鳥羽上皇に由来するものです。失脚した兼子は、承久の乱ののちも七十四歳まで生きながらえますが、延暦寺との訴訟に巻き込まれるなど、苦難の多い晩年を過ごしました。

ルール化されていない女性の権力

この章のはじめのほうでも述べたように、鳥羽上皇の治世において、妻である待賢門院、美福門院は絶大な権力を持っていました。しかし、その権力はルール化されたものではなかった。何かの法や制度に、「上皇の奥さんは○○の権限を有する」と決められていたわけではないのです。事を運ぼうとすると、わけのわからないところから横槍が入ったりする。何が良くて何が悪いのかもはっきりしないから、忖度《そんたく》の累積状態になってしまう。

そこでルールを決めて、組織を機能的に運営しようという話になるのですが、そのとき必ず出てくるのが、僧侶と女性の排除でした。横から口出ししたり干渉したりすることを当時の言葉で「口入《くにゅう》」というのですが、ちゃんと職掌や序列を決めて、そこに属さない者が口を挟めないようにしよう、というわけです。

その意味では、院政期の女性たち同様、北条政子が鎌倉幕府で力をふるったのも、まだ幕府が成立したばかりで、システムが未成熟な段階だったことが大きかったといえます。

頼朝のカリスマに依存する度合いが強いほど、妻である政子の存在感も増すのです。

「何でもありの院政」から「システムの院政」へ

鎌倉初期の朝廷において、こうした「政治の刷新」を志向したのが、関白の九条兼実《かねざね》（一一四九－一二〇七）でした。彼は源頼朝と手を組んで、無原則な権力をふるおうとする後白河上皇を押さえ込もうとしたのです。ところが、後白河のあとに出てきた後鳥羽上皇が非常に強力な政治力を発揮して、カリスマ的な支配を行ってしまいます。やがて、それまでの鎌倉政権との共存路線も逸脱して、最終的には、承久の乱の敗戦を招いたのです。

そこで兼実の孫の関白・九条道家（一一九三－一二五二）を中心として、朝廷はあらためて「政治の刷新」に着手するのです。上皇たち（後鳥羽、土御門《つちみかど》、順徳）が流罪にされ、軍事力を取り上げられた朝廷は、人々に対して「サービス」を提供する必要があると考えました。その「サービス」とは雑訴《ざつそ》の興行、すなわち裁判です。朝廷の持つ文書処理能力や法の知識を使って、土地をめぐるトラブルを解決しようとする。そうしたサービスを行わないと、端的にいえば、税金が集まらなくなってしまう。そこで活躍したのが、中級以下の実務貴族たちでした。そのためには、彼らが動きやすい、システマティックな体制が必要になってきます。

実は承久の乱以降も、朝廷において「上皇（治天の君）が一番偉い」とされている点は変わりません。その意味では、院政が続いているのだけれども、後白河、後鳥羽までの上皇が側近たちと思うがままに政治を動かせる、よくいえば「カリスマの院政」、悪くいえば無原則な「何でもありの院政」だったとすると、ルールに基づく「システムの院政」に変わっていくのです。承久の乱を境に、前期院政から後期院政に転換したともいえるでしょう。

それを象徴的にあらわしているのが、伝奏《てんそう》の存在です。それまで天皇や上皇の意向をうかがうのは、女房と呼ばれる女官の役割でした。たとえば後鳥羽上皇が院蔵人に何かを命じるとき、必ず間に女房を介する。蔵人も上皇に何か言わなければならないことがあるときには、まず女房に申し述べて、女房がそれを上皇に伝えるのです。

その女房の役割が、伝奏という男性の実務貴族の仕事に変わっていきました。蔵人が弁《べん》官《かん》に昇進して、中納言になって引退する。その引退した実務官僚のなかで、上皇が特に目をかけた者を伝奏に任ずる。この伝奏は、後白河上皇の時代から存在はしているのですが、後嵯峨上皇（一二二〇－一二七二、天皇在位一二四二－一二四六）のころから、システムとして確立するようになります。

後の章でも述べますが、この「取り次ぐ」というのが隠れた権力で、黒幕の温床になるのです。つまり、取り次ぐ段階で、「これはお耳に入れよう」「これは伝えないでおこう」という忖度的な操作が可能になる。

ここで重要なのは、取次ぎを受ける権力者がその忖度を求めている場合があることです。たとえば取次ぎ役が、上皇にとって都合の悪い諫言《かんげん》を次々に伝えたら、「お前はわしを批判しているのか」となる。取次ぎ役のほうでもそれを心得て、都合の悪い話は門前払いにする。これがいわゆる「暗君」のパターンですね。リーダーに忠実であろうとすればするほど、組織は歪んでいってしまう。

そこで取次ぎ役をシステムに組み入れてしまえば、「どんなこともそのまま伝えるのが、ルールで決められた私の役目であって、私の個人的な意思ではありません」と、理念的にはいえる。

つまり、承久の乱以降の戦後体制において、朝廷はサービス（当時の言葉でいえば徳政）を行うようになり、それに伴って、組織のシステム化がはかられる。さらに上皇の側も、「自分自身が道理を体現する存在でなくてはならない」という意識を強く持つようになります。

それをさらに加速させたのが、二つの皇統から交互に皇位につく両統迭立《りょうとうてつりつ》でした。私の考えでは、朝廷をコントロールしやすくするために、鎌倉幕府は天皇家を、大覚寺統《だいかくじとう》と持明院統《じみょういんとう》の二つに分けた。すると、そこに競争原理が働いて、互いに「どちらが徳のある天皇（上皇）か」を競うようになったのです。だから、後期院政における天皇、上皇には勉強家が多い。後嵯峨上皇以下、後宇多天皇（一二六七－一三二四、在位一二七四－一二八七）や「哲人天皇」とも称される花園天皇（一二九七－一三四八、在位一三〇八－一三一八）など、賢帝といっていい天皇を輩出するのです。

興味深いのは、ずっと時代が下って、室町時代の後期から戦国時代になると、戦乱の影響もあって、朝廷に人がいなくなる。すると、女房が復活して、政治的な役割を果たすようになるのです。女房奉書といって、天皇や上皇の意向を女房がかな書きの書面にして伝えるという文書がつくられます。つまり、システムが緩んでくると、女性が活躍する余地が出てくる。乱世こそ女性活躍の時代なのかもしれません。

第四章　中原親能　下級貴族、鎌倉へ行く

一一九九年、源頼朝が急死して、鎌倉幕府のトップとなったのは頼朝の嫡男・源頼家でした。時に十七歳。リーダーとしての経験に乏しかったのは間違いないでしょうが、当時の武士として若すぎる、という年齢でもありませんでした。源頼朝は十三歳のとき、父・義朝（一一二三－一一六〇）とともに平治の乱に参加、六波羅合戦で戦っています。

しかし、もともと鎌倉幕府は、カリスマ頼朝との契約で結ばれた御家人たちの政権でした。頼朝の嫡男だからといって、そのまま引き継げるほど、組織が固まっていなかった、という面もあったかもしれません。頼家が家督を継いだ三カ月後には、十三人の有力者たちによる合議制が導入されます。『吾妻鏡』によると、「様々な訴訟については羽林《うりん》（頼家）が直に決断されることを停止し、今後は大小の事については」十三人の話し合いで決め、「その他の者が理由なく訴訟のことを（頼家に）取り次いではならない」とされまし

た。つまり、頼家は権力から遠ざけられてしまったのです。

では、この十三人はどんな顔ぶれだったのか。まず北条時政、北条義時の親子。義時は源頼朝の側近「家の子」の筆頭であり、この時期は江間義時と名乗っていました。そして軍事にも外交にも長《た》けた実力者である梶原景時、北条政子の章でも出てきた比企《ひき》氏の当主、頼家の外戚でもある比企能員《よしかず》、相模《さがみ》の有力豪族の三浦一族から三浦義澄と和田義盛、残る八田《はった》知家、安達盛長、足立遠元《とおもと》は頼朝の遺臣グループになります。ここまでの九人はいずれも御家人、すなわち武士です。

ここで注目したいのはほかの四人です。まず本章の主人公である中原親能《ちかよし》（一一四三－一二〇九）、大江広元（一一四八－一二二五）、三善《みよし》康信（一一四〇－一二二一）。この三人はいずれも京都から来た下級貴族の出身でした。これに頼朝の母の従兄弟にあたる二階堂行政《ゆきまさ》（生没年不詳）を加えた四人はみな頼朝に登用された、文書による行政を担当する文官だったのです。

この四人のうち、名前がよく知られているのは大江広元くらいでしょう。あとの三人は、よほどの歴史ファンでないと、なじみがないかもしれません。

しかし私は、かれら文官を重用したことが、源頼朝が鎌倉幕府という体制を築くことができた最大のポイントのひとつだと考えています。それがなぜかは、おいおい論じていくとしましょう。

中原親能は彼らの中でも早くから頼朝に接近した、いわば鎌倉官僚の第一号的存在です。第二章でも述べましたが、大江広元は、もとは中原広元で、親能の弟（甥という説も）でした。つまり親能が大江広元をリクルートしたわけです。

この章では、「目立たないけれど、実は重要な役割を担った人物」としての「黒幕」をみていきます。

都から来た男

そこで中原親能がどこから出てきたか、という話になるのですが、これがよくわからない。第二章で触れましたが、中原家は明経道（儒学）を家学とする下級貴族で、明法《みょうぼう》博士を務めた中原広季《ひろすえ》という人の実子だという史料もあるし、養子だという史料もある、といった具合です。この親能が、あるとき、関東に下ってくるのです。そして、相模の波多野氏、今でいう神奈川県秦野市にいた武士のところに厄介になります。

このあたりの事情は、信西のところでも述べたことと共通しています。世襲の壁が高くて、中原氏あたりの下級貴族では将来の展望がない。それどころか、より地位の高い貴族の下働きくらいの仕事にしかありつけない。いっそ京都に見切りをつけて、東国で運試しをしてみよう——。親能が東国を目指した理由は、そんなあたりにあったのだと思われます。

さて、波多野氏は源氏と深い関わりをもった家でした。

波多野氏はもとをたどると佐伯氏という下級貴族で、源頼義（九八八—一〇七五）が相模守に任じられたとき、代官として仕えた家でした。頼義というのは河内《かわち》源氏の二代目の棟梁で、頼朝の五代前のご先祖にあたります。その佐伯氏が秦野に所領をもらって土着して、波多野氏という武士になる。源氏との関わりも深いので、頼朝の父・源義朝の時代には、相模でも有力な存在となっていました。

源氏は武士の棟梁といいますが、もともと関東進出も、中央に勢力を伸ばすのも、平氏のほうが先を行っていました。さらに源氏はいろいろと失敗も重ねて、義朝のときにはすっかり凋落していました。義朝は少年期に東国に下向するのですが、要するに京都で食いつめて、かつて勢力をもっていた関東へ向かわざるを得なくなったのです。

ここで興味深いのは、中央で食えなくなって、シノギを求めて地方へ、というパターンは、ある意味、九世紀の終わり、平安前期から始まっていることです。その先頭を切ったのが平高望《たかもち》（不明－九一一）であり、その孫に当たるのが平将門《まさかど》（不明－九四〇）です。東国の生産力が上がってきて、平氏、続いて源氏が武士として発展していく基盤ともなったのです。

しかし、武士はともかく、貴族でふらっと単身、関東に移った例はあまり聞きません。やはり貴族からすれば京都こそがすべてで、地方は眼中になかったのでしょう。中原親能はかなりのレアケースだったと思われます。

源義朝に話を戻しましょう。東国に下ってきた義朝の面倒をみたのが、後の鎌倉幕府でも重きをなす、三浦半島の三浦氏でした。そこで義朝は、三浦氏に出入りしていた遊女との間に子どもをつくります。それが義朝の長男・源義平（一一四一－一一六〇）です。悪《あく》源太《げんた》義平とも呼ばれますが、この「悪」とは強い、猛々《たけだけ》しいという意味。平治の乱を描いた『平治物語』では、主人公級の活躍をしますが、平治の乱が義朝方の敗北に終わると、処刑されました。

三浦氏についで、義朝がお世話になったのが、波多野氏なのです。義朝は、ここでも朝長（一一四四－一一六〇）という子どもをつくります。こうしてみると、義朝と頼朝は、お世話になった家で子どもをつくる、という似たようなことをやってきたわけですね。この源朝長も、平治の乱で深手を負い、父に介錯《かいしゃく》されて死ぬ。もしも、この朝長が源氏の棟梁になるようなことがあれば、波多野家が北条家のような権勢をふるってもおかしくなかった。波多野家はそんな家なのです。

この波多野家に、中原親能は入り込んで、入り婿のような立場になっていました。親能のように、中央では居場所がなかった存在でも、東国では「都から来た人」なのでしょう。文字も書けるし、京都の情報も持っている。後に見ますが、交渉ごともこなせる。波多野家としても、親能は「なかなか使える」存在だったと思います。

そして、頼朝が伊豆に流されたとき、この波多野家から頼朝のお世話をする係として、女性が派遣されています。『尊卑分脈』という諸家の系図をまとめた本によると、この女性との間にも頼朝の子が生まれて、それが大友能直《よしなお》。室町・戦国期に九州で大きな勢力を誇った大友氏の先祖になります。この大友能直は、中原親能の養子となり、後に後継ぎのいなかった親能の領地を引き継ぐ。それが大友氏の基盤になるのです。

頼朝の命で京都へ

このように、中原親能は、かなり早くから頼朝と関係を持っていました。そして、どうも東国と京都を行き来していたらしく、頼朝が平家打倒に立ち上がり、鎌倉に拠点を定めた段階では、京都で何かしらの活動をしていた形跡があります。

というのは、当時の右大臣、九条兼実（一一四九－一二〇七）の日記『玉葉』によると、一一八〇年、頼朝が挙兵した四カ月後に、前権中納言の源雅頼の家を平家が捜索にやってきます。それは、同家に家人として仕えていた中原親能を尋問するためだった、というのです。ところが、すでに親能は逃げ出していて、捕まえることができなかった。つまり、親能はいわばスパイ容疑をかけられた、ということでしょう。そして、実際、頼朝の命を受けて、昔のツテを頼っては京都の情報を集めたりしていたのではないか。

そして、一一八三年、源義経が兄・頼朝の代官として上洛すると、親能はそれに同行。翌一一八四年、源範頼・義経軍が木曾義仲を京都から追い払うと、親能は頼朝の代理人として、公家との交渉を取り仕切るのです。その後も「頼朝に京都に来てほしい」という後白河上皇のメッセージを伝えに鎌倉に戻ったり、平家追討軍の奉行としてまた京都に戻ってきたりと、目まぐるしく働いています。

ここで興味深いのが、親能が平家追討の本隊である源範頼の軍勢に同行していることです。東国での領地争いならば、戦闘地域も限られていて、一日もしくは数日で決着がつきますから、補給の心配は要りません。しかし、京都への遠征、さらには瀬戸内海まで繰り出すとなると、兵士たちの食糧、輸送用の牛馬、野営地の策定などのロジスティクスが必要になります。京都に上る過程では、その土地その土地の国衙《こくが》などの地方官庁に掛け合って、食糧を調達したり、運搬用の馬を出させたりする交渉も行わなければなりません。それらを担当したのが、親能たち実務官僚だったのです。

　こうしたロジスティクスがしっかりしていないと、どうなるか。まず兵士たちの士気が著《いちじる》しく下がり、甚《はなは》だしくなると、逃亡が相次ぎます。補給がなければ、現地調達という掠奪《りゃくだつ》を行うしかないのですが、これにはやはり限界があります。掠奪行為自体に労力を費やしてしまうし、現地での人気も下がって、有形無形の抵抗を受けざるを得ません。人気のない軍隊というのは、やはり戦いにくい。京都の人々に嫌われた木曾義仲は、その典型でしょう。

　実は、軍事はこれまでの日本史研究でも、あまり重視されてこなかった分野でした。補給となると、なおさらです。中原親能は、追討軍の奉行として、平家を滅ぼした「ロジ担としての黒幕」だったかもしれません。

文官をリクルート

中原親能が果たした、「目立たないけれど重要な仕事」はもうひとつあります。それは人材採用でした。その代表が大江広元です。

広元の出自も諸説がありますが、親能の縁で、鎌倉入りしたことは間違いありません。そして、公文書の作成や訴訟などを担当する公文所《くもんじょ》の別当（長官）となります。さらに政《まん》所《どころ》の別当に就任、朝廷との交渉も担当するなど、幕政全般の実務に関与する存在となります。守護・地《じ》頭《とう》の設置も、広元の献策によるものでした。

現代にたとえるなら、ベンチャー企業が、大企業から経理や総務の経験のある人たちを引っ張ってきて、会社の組織づくりを任せるようなものでしょう。その立ち上げの時期にいち早く参加して、あちこちから人を集めてきたのが親能ということになります。

これはその後の日本の歴史を考えると、非常に大きな仕事でした。というのも、彼ら文官が体制づくりを行うことではじめて、鎌倉幕府は、朝廷から自立し、対抗できる政権たりえたからです。

頼朝は、かなり早くから文官の重要性を理解していました。たとえば関東武士が求める土地の安堵《あんど》ひとつとっても、お墨付きを与える文書が必要です。そして、文書を作成、管理する能力をほぼ独占していたのが、朝廷＝京都だったのです。その意味で、文書こそ、朝廷の権力の源泉だったともいえるでしょう。そこに気づいた点が、頼朝が他の有力武士たちと一線を画す政治家だったことを示しています。

東国に政権を開いた頼朝は、文書による行政を自前で行うことを目指します。しかし、頼朝が初期に発給した文書をみると、文言はめちゃくちゃ、形式もなっちゃいないというものが散見されます。東国では、なかなか人材を集めるのが難しかったのでしょう。

そこで、頼朝は京都で出世が望めない下級貴族たちをリクルートします。その第一号が中原親能であり、その弟の大江広元でした。

さらに頼朝は同じ時期に、三善康信を鎌倉に呼び寄せます。三善家は算道の家で、代々太政官の書記役を務めてきました。この三善康信と頼朝は、挙兵以前から深いつながりがありました。康信の母が、頼朝の乳母の妹だった関係で、康信は頼朝の流人時代から京都の情報を伝える役割を果たしていたのです。康信は後に訴訟を担当する問注所の執事（長官）を務めます。

中原、大江、三善はいずれも京都ではせいぜい下級の役人に過ぎない存在でした。しかし、鎌倉では行政、外交に手腕を発揮します。彼らが鎌倉にもたらした文書の様式は、武士たちのニーズに合わせて独自の発展を遂げ、朝廷に対抗するだけの政治の基礎となりました。

ここで重要なのは、朝廷には、文書行政をこなせる実務貴族が、それこそ有り余るほどいたのに対し、頼朝時代の鎌倉には中原、大江、三善のワンセットしかいなかったことです。文書行政を担当できる文官は、非常に貴重でした。だから、頼朝の死後、十三人の合議制にも、文官が四人も入っているのです。彼ら文官抜きでは、鎌倉幕府という武士の政権は成り立たなかったといえるでしょう。

時は下って一二二一年、後鳥羽上皇から追討の対象とされてしまった北条義時は、文官の長である大江広元、三善康信に相談します（中原親能はすでに亡くなっていました）。二人の答えは、ともに「京都に進軍せよ」でした。後鳥羽軍と戦うことは、朝敵とみなされるリスクを負うということです。それでも元貴族であった彼らは幕府に賭けた。私はここに、自分たちもこの幕府をつくってきたのだ、という文官たちの気概を感じるのです。

第五章　極楽寺重時　京都に学んだ幕府のご意見番

極楽寺重時（一一九八－一二六一）、またの名を北条重時。「御成敗式目」の制定で知られる兄の北条泰時（一一八三－一二四二）を支え、六波羅探題、連署《れんしょ》（執権に次ぐナンバー2）を歴任した、れっきとした鎌倉幕府の重鎮です。

では、この重時のどこが「黒幕」なのでしょうか。ひとつには、兄の三代執権泰時、娘婿の五代執権時頼（一二二七－一二六三）を陰で支えたこともありますが、もうひとつは、重時が幕政に与えた影響のなかで大きかったのが、形としては見えにくい「撫民《ぶみん》」という理念、もっといえば心の領域だったことです。まずは「心を変えた黒幕」極楽寺重時の生涯から見ていきましょう。

十七年間の京都生活

北条重時は、義時の三男として生まれます。ただし長男の泰時とは母が違います。泰時の母は阿波局《あわのつぼね》という女性で、義時の側室でした。次男の朝時（一一九三－一二四五）と重時の母は、正室である姫の前になります。姫の前は、頼朝の信頼が厚かった名門、比企氏の出身です。

そのため、母の出自が低い泰時は、子どものころには跡取り扱いされていませんでした。ところが一二〇三年に比企氏の乱で比企一族が滅ぼされ、姫の前も離婚されてしまいます。結局、和田合戦や承久の乱などで華々しい軍功も立てた泰時が北条家の総領となるのですが、朝時は生涯、自分こそが北条の跡取りであるはずという意識を持っていたのでしょう。なにかにつけて泰時に逆らい、反発します。朝時は北条時政の本拠地だった名越《なごえ》を相続し、名越朝時を名乗りますが、この名越家はしばしば北条本家（得宗家）との間にトラブルを起こします。

それに対して重時は、十五歳上の兄・泰時につねに従順でした。その子孫も代々執権、連署、六波羅探題を歴任し、得宗家を支え続けるのです。よく「組織において、創業時の初期設定が後々までその組織の在り方を拘束する」といわれますが、名越家と極楽寺家をみると、それは家にもあてはまるように思えます。

さて北条泰時は承久の乱の戦勝のあと、京都に駐屯し、六波羅探題として、戦後処理と朝廷の管理にたずさわります。一二二四年、父の義時が急死したのを受け、次の執権となるために鎌倉に戻ることになりました。そのあと、一二三〇年に京都に向かったのが三十二歳の重時だったのです。

重時は六波羅探題として、十七年間、京都に赴任します。この間、重時は、朝廷で起きた政治改革に直面するとともに、文化の中心地でもあった京都で、浄土の教えを積極的に学びました。その重時が鎌倉にもたらしたのが、撫民の思想だったのです。

徳政の影響

重時の撫民の思想については、『北条氏の時代』などでも論じましたが、重要なポイントなので、ここでもおさらいしたいと思います。

彼の考え方が端的にあらわれているのが、子どもたちに残した家訓です。

「支配している荘園において、屋敷に百姓が訪ねてきたら、酒の一つも振舞ってやりなさい。また百姓が召し連れている従者だからといって、卑しんではならない」(「極楽寺殿御消息」)

「百姓が屋敷内に耕作しているものを、理由もなく収奪してはならない。（略）ただし大事な用途があるときは上納を頼むこともある。丁寧にお願いしなさい。百姓の労苦をいたわることがなければ、どうせ取られるのだから、と百姓は耕作しなくなる」（同）

また次のような一文もあります。原文を引用すると、

〈百姓をいたはれ。徳もあり、罪もあさし〉（同）

百姓を大事にしなさい、徳を積むことにもなるし、生きるうえでどうしても犯してしまう罪も軽減される、と。

ここには、「人間は生きるうえで罪を犯すことは避けられない。だから仏にすがるのだ」という浄土宗の教えが色濃くあらわれています。百姓もその従者もおろそかにするな、というのも、浄土宗の平等の思想が感じられます。重時はのちに日蓮（一二二二－一二八二）から、「極楽寺殿は浄土の教えを信奉したために、一族が早死にして、ほとんど家が絶えてしまった」と罵《ののし》られるほど、熱心な浄土宗の信者でした。

重時のことばは、いずれも当たり前のことを説いているように思えますが、為政者である武士が百姓のことを慮《おもんぱか》ることは、当時においては画期的だったのです。

もともと鎌倉幕府とは、御家人による御家人のための政権でした。領地の権利の保障を

求める東国の武士たちが、朝廷に頼らなくても、自分たちで権利を守れるように、頼朝のもと、結集したのです。そこで意識されていたのは、あくまでも在地領主である武士の権利であって、領民である百姓は、その視界には入っていませんでした。

　平安期の朝廷も同様です。平安も後期になると、地方官である国司に任じられても、地方に赴任せず、代理を派遣して、税だけを送らせる遥任《ようにん》が一般的になりました。貴族たちにとって、領民どころか、地方は単なる収奪の対象でしかなかったのです。

　それがこの時代に大きく変わっていきます。実は、撫民の思想において、先行したのはむしろ朝廷でした。北条政子の章でも述べましたが、承久の乱に敗れた朝廷は、自らの統治の基を「徳」、すなわち人々へのサービスに見出します。裁判を盛んに行って、人々のトラブルを解決することで、支持を得ようとしたことは先にも触れました。

　しかし、朝廷が徳政を始めた時点での論理は、撫民というよりも、天譴《てんけん》思想に近いものだったといえます。時の関白・九条道家が直面したのは、寛喜《かんぎ》の飢饉《ききん》（一二三〇－一二三一年）でした。人が飢えて次々に命を落としていく。川原などには死体が捨てられ、積み重ねられている。それを目の当たりにした道家は、これは天の怒りだ、と考えます。民が苦しむ↓天が怒る↓天災が生じて、飢饉になる↓ますます民が苦しむ。この連鎖を止めるために、道家は改元などの飢饉対策をとるべきだと主張します。この飢饉に際して、鎌倉幕府は備蓄米の放出などを行っていますから、道家の対策は実効性の面では疑問がありますが、少なくとも、民の存在に目を向けるという大きな転換が起きたことは間違いありません。というのも、大歌人である藤原定家は、当時の日記に、死体が溢れて汚い、臭い、といったことしか書いていない。そこには「民への視線」など感じられません。これが当時の大多数の貴族の見方だったのです。

いずれにしても、承久の乱以降の朝廷は、自らのアイデンティティをかけて、「徳政」に取り組んでいきます。六波羅探題として、京都で長年過ごした重時は、その影響を強く受けたと考えられます。

京都からの影響がうかがえる、重時の言葉を紹介しましょう。やはり「極楽寺殿御消息」ですが、

「堂塔を建て、親や祖父の仏事をするときに、ほんの少しでも、他人から金品を徴収してはならない。（略）仏法のことで、間違ったことがあっては、神仏が喜ばれないのは理の当然である」

興味深いのは、同時代の朝廷でほとんど同じ内容が語られていることです。内大臣、太

政大臣を務めた徳大寺《とくだいじ》実基《さねもと》（一二〇一－一二七三）は、後嵯峨上皇に対して、こういう政治をするべきだ、という十四条からなる奏状を提出するのですが、その初めのところで、「神は非礼を受けず」というのです。「神は人の信と徳は受け取ってくださいますが、真心のこもっていない供え物は受け取りません」と書いています。つまり、人々を苦しめて得たものを神に奉じても喜ばない、神を喜ばせるとは、この世を合理的に治めることだという考えを実基は持っていました。

徳大寺実基はこの頃、朝廷が取り組んだ、徳に基づく政治、徳政の指導者の一人でした。そして、この徳大寺実基と重時は、京都で深い親交を結んでいたのです。実基は当時としては際立った合理的思考の持ち主としても知られていましたが、その撫民の思想と合理性は、重時にも大きな影響を与えたとみられます。

浄土宗と撫民の思想

重時が熱心な浄土宗の信者だったことは先にも触れましたが、徳大寺実基も浄土宗を信仰していました。実基の父・公継《きんつぐ》は極楽往生を遂げた人物として有名でした。浄土信仰では、極楽往生を果たすときには、紫色の雲がたなびいて、妙《たえ》なる調べが鳴るというような奇瑞《きずい》が現れるとされていますが、実基の父が亡くなるときにそうした奇瑞が現れた、という逸話が残っています。

本格的な撫民の思想が育つには、やはり浄土宗の影響が大きかったと考えられます。たとえば、一二五六年に成立した『広疑瑞決集《こうぎずいけつしゅう》』と呼ばれる、浄土宗の信仰に関する質疑を収めた本には、次のようなエピソードが紹介されています。

諏訪の地頭、上原敦広が信瑞という僧侶に問いかけます。「私は荘園の百姓から搾り取った税で、寺院を作り、仏像を作っています。これを仏はお喜びになりますか」。それに対して信瑞は「仏は喜ばない」と断じます。「どんな供物でも、民を苦しめて得たものは、仏は受け取らない。あなたはまず民をいたわるべきだ。それが仏への帰依《きえ》になる」と。

この論理は、極楽寺重時、徳大寺実基と共通するものです。

また、この信瑞の問答で興味深いのは、御家人である上原敦広に、自分たちがやっていることは仏の意にかなっているのだろうか、という問いが生まれていることです。在地の武士が、農民たちといかに向き合うべきかという問題が大事なんだ、と気づいている。極楽寺重時や徳大寺実基といったトップ層からだけでなく、いわば在地からも撫民思想の萌《ほう》芽《が》がみられるのです。

時頼の連署として

一二四二年、鎌倉で北条泰時が死去します。泰時の長男・時氏（一二〇三－一二三〇）は早くに亡くなっていたので、その息子の経時（一二二四－一二四六）が四代執権となるのですが、この経時も体調を崩し、一二四六年、弟の北条時頼に執権の座を譲ります。経時、時頼はいずれも二十歳にもならずに鎌倉幕府のトップに立たされたわけです。

時頼の政権はきわめて不安定な状態で発足しました。北条家内部には名越朝時の子・光時がいて時頼の執権就任に不満を募らせ、それを京都から招いた摂家出身の四代将軍・九条頼経（一二一八－一二五六）がバックアップしている。このとき九条頼経はすでに将軍の座を退いていたのですが、反得宗の旗頭となっていたのです。そこに評定衆《ひょうじょうしゅう》の一人でもあった有力御家人・三浦泰村（一一八四－一二四七）などが接近していました。しかも京都では頼経の父・九条道家が後鳥羽系の復活を画策して、反北条の動きを示していたのです。

そこで時頼は、自分の相談役として、重時を京都から呼び戻したいと考えますが、三浦泰村の強い反対にあいます。

　こうした局面を、時頼は一気に打開しました。名越光時を出家に追い込み、前の将軍頼経を京都に追放します。さらに九条道家を関東申次《もうしつぎ》（幕府との連絡役）から外させます。承久の乱で、朝廷と幕府の力関係が逆転して以来、幕府とのパイプを握っていることが、朝廷での権力の源泉でもありました。道家の子である摂政の一条実経《さねつね》も辞任、同じく道家の子であった慈源《じげん》も天台座主を退きます。これらの解任劇は、六波羅探題である重時が時頼と連携して行ったものでした。貴族の主要人事も、幕府が動かすようになったのです。この一連の人事を通じて、後嵯峨上皇は重時に絶大な信頼を置くようになります。こうして幕府と朝廷は密接な協調体制の時代に入りました。

　最後に残った三浦一族を宝治《ほうじ》合戦（一二四七年）で滅ぼすと、時頼は満を持して極楽寺重時を呼び戻し、連署に就任させます。本章の冒頭で述べたように、連署とは、幕府の公文書に執権とともに署判する幕府のナンバー2です。さらに時頼は、重時の娘を妻に迎えました。彼女との間に生まれたのが、八代執権・北条時宗（一二五一―一二八四）です。

　重時のバックアップを得た時頼は、一二四九年には評定衆の下に引付衆《ひきつけしゅう》を設置、裁判の迅速化をはかるなど、朝廷の徳政を思わせる改革を進めます。関東の御家人にとっては大きな負担だった京都大番役の期間を半年から三カ月に短縮したのも、御家人に対する徳政だったといえるでしょう。そして一二五一年には、地頭・農民間の訴訟の法を定め、一二五三年に十三条の新制で撫民のことを定めるなど、農民を意識した政策も行っています。

こうした時頼の体制改革、撫民政策を支えたのが、連署である極楽寺重時だったことは間違いないでしょう。京都と鎌倉を結び、指導者たちのマインドを変えた重時の存在は、もっと広く知られていいと思います。

第六章　海住山長房　後鳥羽挙兵に反対した実務貴族

この章は少し時間を遡《さかのぼ》って、承久の乱以前の話になります。

本章の主人公、海住山長房《かいじゅうせんながふさ》（一一七〇－一二四三）は、この本で取り上げる「黒幕」のなかでも最も知られていない人物かもしれません。基本的には後鳥羽上皇の近臣ですが、二つ大きな仕事をしています。ひとつは承久の乱に反対したこと、もうひとつは法然《ほうねん》（一一三三－一二一二）の減刑に尽力したことです。もっとも承久の乱に関しては、結局、後鳥羽上皇を思いとどまらせることはできなかったのですが。

長房を通すと、後鳥羽院政での貴族社会の仕組みがよく見えてきます。そして、後半では、前の章で論じた撫民思想のルーツとしての浄土宗とは何だったのか、法然を通じて、おさらいしてみたいと思います。

「御曹司コース」と「実務家コース」

長房は四十歳で出家し、京都は木津川の海住山寺を継いで、覚心という法号を名乗ります。俗人のころは藤原長房、もしくは海住山長房。藤原北家の出身で、父の九条光長も参議となっています。長房も参議にまで登っていますから公卿なのですが、しかし、上級貴族とまではいきません。中級の実務貴族と考えてよいでしょう。

貴族の昇進には二つのルートがあります。ひとつはいわば「御曹司コース」。近衛少《このえのしょう》将《しょう》→近衛中将→蔵人頭→参議→中納言→大納言を経て、大臣に至ります。

もうひとつが「実務家コース」です。まず、天皇を個人的にお世話する蔵人。これが官位によって分かれていて、六位の蔵人はノンキャリコースで、ここから上には上りません。五位の官位を持つ蔵人はキャリアを積んでいくと、弁官になります。弁官は六人いて、左右、大中少でランク付けされています。一番下が右少弁、一番上が左大弁です。その弁官のうちの一人が蔵人頭を兼ねます。

この蔵人頭で御曹司コースと実務家コースが合流して、さらに上に進むと参議になれます。今風にいえば閣議に参加できるようになるわけです。

長房は一一九一年、二十一歳で蔵人になり、その三年後に右少弁になります。そのあとひとつずつステップアップして、一二〇一年に左中弁となり、翌年、三十二歳で蔵人頭になります。

御曹司組はとにかく出世が早いので、二十歳で蔵人頭になったりしますが、実務組だと四十代でやっと蔵人頭というケースも珍しくありません。どちらが実際に仕事を任せられるかというと、当然、官僚経験の豊富な実務組になります。御曹司組にとっては、蔵人頭は出世の通過点でしかない。摂関家などのトップクラスの家になると、参議や中納言ですら、あっという間に通過していきます。

長房はいちおう公卿の家の出身なのですが、こうしてみてきたとおり、実務家グループに入ります。彼らが朝廷の実務を担っていました。たとえば儀式を行うときに、お金や資材を集めてくる。日程を組む。これが蔵人、弁官の仕事です。また天皇が文書を出す際にも、彼らが作成、伝達などにたずさわります。

信西のところでも述べましたが、このコースは家格によってほぼ決まっていきます。一番上が摂政・関白になる摂関家、次が大臣になれる大臣家、三番目が近衛少将、近衛中将から始まって、大納言になれる羽林《うりん》家。羽林というのは、近衛少将、近衛中将の中国風の言い方です。ここまでが「御曹司コース」です。

次の名家はキャリアではありますが、最高でも中納言という家です。名家はキャリア組の最下層なのですが、彼らがいないと朝廷は回っていきません。近衛少将、近衛中将といっても軍事を行うわけではなく、完全に儀式のための官職といっていい。参議、中納言、大納言になると、ほとんど仕事はありません。

　これは当時の貴族の日記を読むとわかるのですが、閣議に出席して、べらべら自分の意見をしゃべる者は田舎者だとか、勉強不足だといってそしられる。自分の番が来たときは、一歩前に出るのではなく、引き足、退き足といって、一歩下がる。そして、ほとんどしゃべらない。これが貴族の会議なのです。

九条兼実に仕える

　それに対して、院政期には、上皇が実権を握ったために、上皇に仕える実務貴族が必要になります。長房は一二一〇年に出家しますが、後鳥羽上皇の近臣となります。そして後鳥羽上皇が幕府との対決姿勢を強めるのに対して、「鎌倉幕府と戦ったらいけません。敗《ま》けます」と一生懸命に説いたのですが、聞き入れられませんでした。

　実は貴族の中には、本音では鎌倉幕府と事を構えたくないという声が少なくありませんでした。しかし、後鳥羽上皇の圧倒的な権力の前に、みな沈黙してしまったのです。

なぜ長房が承久の乱に反対したかを考えていくと、九条兼実（一一四九－一二〇七）の存在が浮かび上がってきます。兼実は後白河上皇のもとで摂政・関白を務めますが、源頼朝と連携して、後白河上皇と対抗した、朝廷内の親幕派的存在でした。

長房は、この九条兼実に仕える家司《けいし》であり、腹心の一人だったのです。当時の実務貴族は、朝廷に上がる前に、まず摂関家に仕えます。摂関家は荘園をたくさん持っているので、その管理をすることで、実務の腕を磨く。そこから蔵人として朝廷に出仕するわけです。

こうした関係から推測するに、九条兼実に仕えた時代、長房は幕府側と兼実のやりとりを中継するような仕事もやっていたのではないでしょうか。だから、幕府の力もわかっていて、後鳥羽を諫《いさ》める発言を行ったと考えられます。

長房には子どもがいなかったので、弟を養子にして、後を継がせます。それが二条定高（一一九〇－一二三八）ですが、承久の乱のときには兄とともに、挙兵反対の立場を取ります。

この定高が、九条兼実の孫で、承久の乱のあと朝廷で実権を握る九条道家の腹心だったのです。そのため、乱の後になると、二条定高はずっと朝廷と幕府の連絡係を務めます。幕府側も、定高が兄の長房とともに挙兵反対を説いていたことをもちろん知っている。だから、道家の使いで定高がやってくることに、信頼感を持ったのでしょう。その意味で、長房、定高兄弟は危機の時代の朝廷と幕府をつないだ「実務の黒幕」といえます。

法然救済に奔走

そして、長房が果たしたもうひとつの仕事が、法然を助けたことです。

それまでの日本の仏教は、完全に政治権力とパラレルな関係にありました。皇族の次男、三男以下、天皇になれない皇子たちが僧侶となって、寺院秩序のトップに立つ。それを摂関家を頂点とする貴族出身者が支える。当時の寺院には、僧兵という武装集団がいますが、彼らの多くは武士階層から出ているわけです。そして、貴族と同じように荘園を所有して、全国から税金を吸い上げている。

これに対して、一般の民衆を救いたい、と考えたのが法然でした。といっても、一般の人々には難しい仏教の理論はわかるはずがない、そもそも漢字だらけの経典も読めない、厳しい修行を行う生活の余裕もない。そこで法然がたどりついたのが、ただ「南無阿弥陀仏」と唱えるだけでいい、ということでした。阿弥陀仏は必ず私たちを救ってくれるから、それに感謝して、安心して帰依すればいい。それが法然の教えでした。この浄土の教えは、激しい勢いで広がります。でも、この論理には危うさもあります。法然は、「どうして自分たちが救われるかは分かる必要がない。ただ信じなさい」と説きます。すると、これは結局、法然自身を信じろ、ということになる。

ですから、法然の教えが広がるにつれて、既存の仏教界からも批判が出てきます。また、上は貴族から下は一般庶民まで、熱烈な信者が多く集まるために、信徒の集団を異端視し、排除しようとする動きもあらわれました。

そこで起きたのが、承元の法難（一二〇七年）でした。後鳥羽上皇により、念仏停止が言い渡され、四人の僧侶が死刑となり、法然、親鸞《しんらん》（一一七三－一二六三）が流刑になりました。

もっとも法然の浄土信仰が危険思想と認定されたわけではなさそうです。実際の事件は、後鳥羽院の女房たちが、上皇の留守中に、法然の弟子たちが開いた念仏の会に参加、さらには出家して尼になってしまったことに、後鳥羽上皇が激怒した――というものでした。

いずれにしても、これによって法然は還俗《げんぞく》させられ、土佐に流されることになりました。当時、土佐に流されるのは、遠流《おんる》といって、伊豆、安房《あわ》、常陸《ひたち》、隠岐《おき》、佐渡と並んで、流刑の中で最も重いものでした。

このとき、法然らの減刑や流された土地での処遇について、奔走したのが、海住山長房でした。

実は長房の師は、興福寺を代表する法相《ほっそう》宗の学僧・貞慶《じょうけい》（一一五五－一二一三）でした。貞慶はあの信西の孫にあたります。祖父の信西は自害し、父も土佐に流されてしまったので、幼い貞慶は興福寺で育てられました。信西の家系は優秀な人材を多く輩出するのですが、貞慶も非常に優秀で、法相教学の確立に貢献したとされています。

この貞慶が法然批判の急先鋒だったのです。南都仏教の復興、戒律の厳格化を目指す貞慶にとって、念仏だけ唱えればいい、阿弥陀如来を拝めばそれでいい、とする法然の教え（庶民に向けては、わかり易くそう説いたのですが）は、仏教を歪《ゆが》めるものにほかなりませんでした。

長房は、この師について修行し、海住山寺を継ぐに至ります。この時代、引退した後、出家をする人は少なくありませんが、僧侶としてお寺を継ぐまでに至った、という人は少ない。長房の仏教への傾倒は、筋金入りだったといえるでしょう。

それがなぜ法然を助けることになったのか。そこでキーパーソンとなったのが、先にも登場した九条兼実です。兼実は、法然の教えに深く傾倒していました。

実は、この兼実も出てくる、『法然上人絵伝』の有名なエピソードがあります。武蔵《むさし》国の御家人、熊谷直実《くまがいなおざね》（一一四一－一二〇八）は、法然に対して、「自分は武士としてたくさんの人を殺してきた。そんな自分でも往生できるのか」と尋ねます。すると、法然は「南無阿弥陀仏と唱えなさい。そうした業《ごう》を背負った人を助けてくれるのが阿弥陀さまなのだ」。これに直実は感激して、その場で法然に弟子入りします。当時、京都では、法然は異端視され、彼に危害を加えようと狙う者まであらわれる有様だった。そこで熊谷直実はボディガードを買って出ます。

そんなある日、法然は九条兼実の屋敷に招かれます。屋敷の中では法然と兼実が何か話している。入口近くには兼実の家来たちが控えている。熊谷直実はそこにも入れてもらえず、石段の下に座るしかない。そこで直実は言い放つのです。

「あはれ穢土《えど》ほどに口おしき所あらじ。極楽にはかかる差別はあるまじきものを」

この世ほど悔しいものはない、極楽にはこんな差別はないだろうに。これは浄土宗の平等思想を見事に表現しています。阿弥陀さまは誰でも救ってくれる。殺生《せっしょう》を重ねた武士でも、摂政・関白でも変わりはないのだ――。この阿弥陀の前での平等が、撫民、庶民も救われるべきである、という思想につながっていったと私は考えています。

さて、海住山長房に戻りましょう。本来ならば、師の貞慶が論敵とする法然でしたが、かつての主人である兼実にも逆らえない。長房は法然らの減刑運動に奔走します。もしかすると、長房も、法然の教えに共感するところがあったのかもしれません。

結局、法然は土佐ではなく、讃岐に流刑地が変更されます。高知（土佐）も香川（讃岐）も同じ四国ではないか、というのは、現代の感覚です。当時の人々からすると、瀬戸内海に面し、都とも近い讃岐と、遠流の地、土佐とでは、処分の重さが違いました。さらに讃岐には、兼実の領地があります。長房は実務官僚の手腕を駆使して、兼実の息のかかった有力者が、法然の面倒を見る手はずもぬかりなく整えたはずです。また親鸞の流刑に際しては、長房自身のコネを活かして、越後の有力者、三善氏に働きかけ、親鸞を世話するよう斡旋《あっせん》しています。親鸞は戒律を破って妻帯しますが、妻の恵信尼《えしんに》は三善氏の出身ともいいます。

この長房の工作によって、法然は讃岐でも布教活動を行い、許しが出ると京都に戻って、今の知恩院で臨終《りんじゅう》を迎えました。親鸞も、越後で不自由のない生活が出来て、北陸に浄土真宗の基盤をつくることができた。歴史の節目には、長房のような「実務の黒幕」たちが汗を流しているのです。

第七章　平頼綱　肥大化した側近エリートの末路

第一章で、日本の歴史は権力のオモテとウラがねじれてしまうメビウスの輪だと述べました。それが鎌倉時代にもよくあてはまります。

もともと鎌倉幕府とは「源頼朝とその仲間たち」、オモテはあくまでも将軍である頼朝でした。ところがすでに二代将軍の頼家で怪しくなり、源氏将軍は三代で滅びてしまう。その後は、源氏を支えるウラの存在だったはずの北条氏が、執権として幕府のオモテの顔となります。ところがところが、それだけでは終わりませんでした。鎌倉時代の後期になると、北条本家が得宗家《とくそうけ》として独裁的な権力を持ち、執権すら形骸化してしまいます。鎌倉幕府というオモテの組織ではなく、北条得宗家という家族に権力が集中するのです。

そのなかで台頭したのが、御内人《みうちびと》と呼ばれる得宗家の側近グループです。尾藤氏、平氏、諏訪氏といった北条本家の家来たちが発言権を拡大していくのです。権力がウラ化（非システム化、個人化、家族化）していくと、そこは「黒幕」の温床になります。

幕府の要職にはつけず

それが頂点に達し、黒幕として活動したのが、平頼綱《よりつな》（不明－一二九三）でした。生年が不明であることからもうかがえるように、頼綱のルーツははっきりわかりません。祖父の平盛綱という人が、最初に得宗家に仕えたようです。

当時の平頼綱の権勢がうかがえるのは、日蓮が頼綱に書いた書状です。一二七一年、頼綱は幕府を批判し続けていた日蓮を逮捕し、佐渡への流刑に処します。これは最も重い遠流であることは、前の章でも触れました。このとき、日蓮は頼綱を「天下の棟梁」と呼んでいます。

一二八四年には、頼綱は御内人の最上位である内管領《うちかんれい》となっていますが、鎌倉幕府においては評定衆、引付衆といった重要なポストに就くことができませんでした。つまり、頼綱の前に家格の壁が立ちふさがったのです。頼綱が参加できたのは時頼の頃にルーツを持つ、得宗の諮問《しもん》機関である寄合衆《よりあいしゅう》だけでした。これは幕府の公的な機関ではないので、頼綱でもメンバーになることができたのです。いってみれば北条家の家長の個人秘書が、幕府の要職に就くことなく、政治を動かすことになるのです。

実は、平頼綱には強力なライバルがいました。安達泰盛《やすもり》（一二三一－一二八五）です。泰盛の曾祖父は、頼朝の流人時代からの家来で、頼朝の死後、十三人の合議制のメンバーでもあった安達盛長です。頼朝が幕府を開く前から支えてきた最古参の御家人の一人だという意味では、北条氏とも対等といえる存在でした。

時の得宗にして執権、北条時宗（一二五一－一二八四）は幼少期、安達氏の館で育てられています。そのうえ、泰盛の妹が妻となり、後に執権となる北条貞時（一二七一－一三一一）が生まれています。つまり、泰盛は時宗の外戚として、御家人のなかで別格の存在だったのです。

日蓮は、幕府内に争いがあることを批判し、その争いの主体を「城等《じょうら》」と「平等《へいら》」と表現しています。城とは、秋田城介《あきたじょうのすけ》という官職を持つ安達泰盛を指します。幕府の内部で、泰盛派と頼綱派が二大勢力として、火花を散らしていたわけです。

元寇のインパクト

外戚対側近という対立の構図は珍しいものではありませんが、この両者の衝突が激しさを増していった要因は、外からの強大なプレッシャーにあったと考えます。すなわち元寇《げんこう》です。

文永の役（一二七四年）、弘安の役（一二八一年）でモンゴル帝国の攻撃はしのいだものの、鎌倉幕府は戦後処理に頭を悩ませます。これまでの国内戦ならば、敗者の土地を奪って、御家人たちに恩賞として配分すればよかったのですが、今回は新たに獲得した土地などありません。しかも弘安の役では、御家人ではない、現地の武士にも動員をかけたため、一層、処遇は難しくなりました。

鎌倉幕府のそもそもの成り立ちを考えてみましょう。その本質は、御家人の領地の権利を保障し、ともに戦って勝利したら、その戦果（敵方の土地）を分け与えることにありました。それが将軍の最大の機能なのです。元寇において、恩賞奉行としてそれを行ったのは安達泰盛でした。つまり泰盛は実質的に将軍権力を代行したことになります。

その安達泰盛が弘安の役のあとに打ち出そうとしたのが「弘安徳政」でした。つまり、モンゴル帝国と戦ったすべての武士を、幕府の御家人として取り込もうと言い出したのです。

鎌倉幕府というのは、すべての武士を統合していたわけではありません。西国を中心として、貴族や寺社などを主人とする武士がたくさんいました。彼らに対して、幕府は、モンゴルが攻めてきたという国難を理由に、一時的な指揮権を手中に収めたわけです。

泰盛は考えます。この先もモンゴルが攻めて来ないという保証はない。侵略されないためには、幕府が全国の武士に命令を下せるシステムに変えるしかない――と。

モンゴルの使者がやってきた後、泰盛は源氏将軍の復活も唱えるようになっていました。現在の将軍である惟康《これやす》親王（一二六四－一三二六）に源惟康になってもらい、新しい源氏将軍家をつくろうとしました。しかも頼朝が持っていたという髭切《ひげきり》という刀までどこかから見つけ出して、新しい将軍家の守り刀にする、というわけです。

これは何かに似ていないでしょうか？　そう、幕末の尊王攘夷です。外国からの脅威に対して、挙国一致の体制が必要なのに、これまでのシステムでは対応できない。国を束ね直す新しいシンボルが必要だ。そこで幕末の攘夷派が見出したのが将軍を超えるスーパーパワーとしての天皇でした。安達泰盛にとって、幕末の天皇にあたるものが源氏将軍だったのです。王政復古ならぬ将軍復古です。

これに強く反発したのが平頼綱をはじめとする御内人グループでした。泰盛の構想は、とりもなおさず得宗家の否定ないしは無力化につながるからです。

さらに言えば、すべての武士を御家人にするということは、今、幕府と主従の関係を結んでいる御家人の既得権益を脅《おびや》かすことになります。ただでさえ、元寇での負担増、さらには貨幣経済の進展による御家人の窮乏化が進んでいる中で、やるべきことは、従来の御家人を保護することではないか。平頼綱たちが御家人の借金を棒引きにする徳政令に踏み切ったのは、そうした既得権益保護の論理からでした。

もうひとつ付け加えるならば、鎌倉幕府の首脳たちは、モンゴルの動向についてそれなりの情報を得ていた可能性があります。一九七五年、韓国の新安の沖合で貿易船が沈んでいるのが発見されました。新安沈船《しんあんちんせん》といいます。これを引き上げてみると、一三二三年に中国の寧波から博多に向かっていた船で、その積み荷の多くは得宗家と、その関係者のものだったのです。つまり、得宗家はモンゴル襲来の前後にも、貿易を盛んに行っていた可能性がある。平頼綱たちは、さらなる侵略に備えようという安達泰盛に対して、もうモンゴルは攻めて来ないだろう、という冷静な見通しを持っていたのかもしれません。

もし泰盛の構想が実現していたら、時計の針を一気に数百年、前に進めることができたかもしれません。泰盛のヴィジョンを敷衍《ふえん》すると、豊臣秀吉、徳川家康によってようやく実現した日本全土を統一する国家体制に近いものになります。

一方、平頼綱たちの、御家人だけ、得宗家だけが生き残ればいい、という考え方はあまりにも狭く感じられます。実際、得宗専制を極めた鎌倉幕府は、長くはもちませんでした。しかし、そこに現状維持というリアリズムがあったのも確かです。

「リーダー」と「エリート」の違い

一二八五年、霜月騒動が起こります。鎌倉幕府の運命を決した重大事件なのですが、詳細はよくわかっていません。結果として、先手を取った平頼綱グループが勝利し、安達泰盛一派は討ち取られてしまいます。その結果は全国に波及して、泰盛派の御家人が次々と葬られていきます。

安達泰盛と平頼綱の違いは、「リーダー」と「エリート」の違いと言い換えることができるかもしれません。ここでいう「エリート」とは、体制内で恵まれた位置を占め、現体制が続くことで最大の利益を得る人たちのことを指します。こうした「エリート」は体制の内部からしか発想できません。

それに対して「リーダー」は、現在の体制を変更しても組織の最大利益を追求する人、ということになるでしょうか。

平頼綱は得宗専制における「エリート」でした。彼の権勢は得宗体制に完全に依存しています。先にも述べたように、得宗から離れてしまうと、幕府からポジションすら与えられない存在なのです。得宗体制をいかに強化するか、それだけが頼綱の発想の範囲になります。

それに対して、安達泰盛は上野《こうずけ》に自前の領地を持つ、独立した御家人です。頼朝との関係でいえば、安達家は北条家にとって代われる存在だといっていい。

たとえば豊臣政権における徳川家康は、もともとは秀吉と同格の独立した戦国武将でした。だから、秀吉の死後、自分がとって代わることは十分に想定できたでしょう。それに対して、石田三成は豊臣体制の中でしか権力を維持することのできない存在だといえます。

さらに泰盛は、恩賞奉行として、所領の安堵と配分を行い、将軍権力を代行するという経験をしました。それが「リーダー」としての自意識を一層強めたのかもしれません。

興味深いのは、霜月騒動で泰盛グループが一掃されたことです。平頼綱側の先制攻撃が功を奏したということもあるでしょうが、その後、泰盛グループが反撃できなかったのは、御家人全体の空気として、既得権益を守ってくれる頼綱グループのほうが支持しやすかったからではないでしょうか。多くの御家人たちとしても、得宗専制には不満を持ちながらも、ドラスティックな改革にはついていけない。その意味では、安達泰盛のヴィジョンはやはり早すぎたのでしょう。

霜月騒動の後、邪魔者がいなくなった平頼綱は「諸人《もろびと》、恐懼《きょうく》の外《ほか》、他事《たじ》なく候」と貴族の三条実躬《さねみ》が日記に記すほどの独裁政治を行います。そして、一二九三年、その権力の肥大ぶりが気に入らなくなった九代執権・北条貞時が放った武士たちが、頼綱の館を取り囲み、頼綱は自害に追い込まれました。「肥大化した黒幕」のあっけない最期でした。

第八章　北畠親房　正統を追求した「黒幕」

北畠親房《きたばたけちかふさ》（一二九三－一三五四）といえば南朝を支えた政治家であり、卓越した軍事的リーダーでもあり、後世にも大きな影響を与えた『神皇正統記《じんのうしょうとうき》』の著者でもあるという、超人的な人物です。

意外に思われるかもしれませんが、この北畠親房、保元・平治の乱の陰の主役ともいうべき信西と共通する点が多いのではないでしょうか。ともに当代きっての知識人であり、武士ではないのにもかかわらず軍事に対するセンスをもっている。何よりも正統的なもの、あるべき秩序を求めながら、秩序の混乱期に活躍した点も共通しています。後白河上皇と後醍醐天皇（一二八八－一三三九、在位一三一八－一三三九）という、きわめて個性的な君主と付き合わざるを得なかったという不運も似ているかもしれません。逆に一番異なる点は、信西が世襲の壁に進路を阻まれた下級貴族だったのに対し、親房がれっきとした羽林家の上級貴族だったことです。

強烈な家格意識

では、まず北畠家のプロフィールからみてみましょう。日本のように世襲の影響が強い国では、どんな家に生まれたかが、その人物の生涯を左右する強力な初期設定として機能しがちです。北畠親房も例外ではありません。

北畠家の初代となったのは北畠雅家という人なのですが、雅家が仕えた邦仁王は、承久の乱で自ら進んで土佐に流された土御門天皇の子で、もともと天皇になる可能性がほとんどない皇子でした。

承久の乱以降、幕府は後鳥羽上皇の直系から天皇を立てることを嫌い、後鳥羽の兄の守貞親王の子にあたる後堀河天皇、その息子の四条天皇と皇位を継承させてきました。ところが一二四二年、四条天皇が十一歳で亡くなったために、後継者がいなくなってしまった。ここぞとばかりに九条道家らは後鳥羽直系で順徳天皇の子である忠成王を推してきます。

しかし北条泰時はこれを拒絶し、安達義景を京都に派遣し、「もし忠成王が即位したら武力で引きずり降ろせ」と指示します。幕府は、後鳥羽の息子ではあるものの、中立的だった土御門天皇の子である邦仁王を皇位に即《つ》けます。これが後嵯峨天皇（一二二〇－一二七二、在位一二四二－一二四六）でした。

邦仁王に皇位が転がり込んでこなければ、北畠家が浮上することもなかったでしょう。そしてこの後嵯峨天皇の後継をめぐって、持明院統《じみょういんとう》と大覚寺《だいかくじ》統《とう》が分かれることになります。持明院統がのちの北朝になり、大覚寺統がのちの南朝になるのですが、北畠家は一貫して大覚寺統に仕えるのです。持明院統出身の天皇になると、ぱたっと官職が進まなくなったり、早々に隠居したりする。このことから、おそらく後嵯峨天皇は大覚寺統の亀山天皇を正嫡と考えていた、と推測できる。後嵯峨天皇の早くからの近臣として、北畠家はそれを知っていたから、大覚寺統に忠誠をつくしたのだと思います。

ちなみに、両統迭立《りょうとうてつりつ》になると、すべての貴族が持明院統か大覚寺統かに分かれたわけではありません。ほとんどの貴族はどちらにも奉仕していました。その中で持明院統メインに仕えるというのは日野家くらい、大覚寺統メインは北畠家の他にも複数ありました。

この北畠家というのは、格式としては羽林家になります。近衛少将、近衛中将からはじまって大納言まで行く家です。その家に生まれ育った親房の家格への意識は強烈なものがありました。左少弁に在任中（親房は例外的に弁官として働いています）、格下の名家出身の者が弁官に登用されたと知って激怒、官職を辞してしまったほどです。下級の実務貴族が上皇に可愛がられて、政治の第一線にいるのが許せない。たとえば吉田定房（一二七四－一三三八）は名家出身でありながら、建武の新政では内大臣に任じられていますが、親房は彼を目の敵《かたき》にするのです。

また貴族が上、武士が下という認識も強固なものがあって、自分の息子の北畠顕家《あきいえ》（一三一八－一三三八）が戦死した際には、君に忠、親に孝、立派な息子だと褒め称えるのに、南朝のために戦った楠木正成《まさしげ》（一二九四－一三三六）や新田義貞（一三〇一－一三三八）への賛辞は全く見られません。武士が主君に尽くすのは当たり前といった感覚がある。一方、北条氏については、彼らが四位以上には昇進しなかったことを、分際をわきまえていると評価しています。

後醍醐天皇とは合わなかった？

一三一八年、後醍醐天皇が即位すると、北畠親房は万里小路《までのこうじ》宣房《のぶふさ》（一二五八－一三四八）、吉田定房と並び、重用されます。しかし、親房からすると、万里小路も吉田も本来、格下です。万里小路宣房は蔵人になったのが四十歳過ぎですから、実務家コースで苦労している。「後醍醐天皇の三房《さんぼう》」などと呼ばれたのは、親房にとっては不本意だったでしょう。そもそも、この三人は後醍醐天皇が登用した人材ではありませんでした。後醍醐の父・後宇多天皇に仕えていた人材がそのまま横滑りしたのです。

むしろ後醍醐天皇と北畠親房はまるで意見が合わなかったと思います。というのも、武士をどう位置付けるか、という最も根本的な問題で食い違っているからです。後醍醐天皇は武士の政権をまったく認めない。鎌倉幕府を倒すのに最も貢献した足利尊氏《たかうじ》（一三〇五－一三五八）に対しても、征夷大将軍の称号を与えず、冷遇を続けました。それに対して、親房は北条氏のように、武士に政権を持たせて、その上に朝廷が君臨すればいい、と考えていました。後醍醐天皇の手法や目指していたものは、上皇が恣意的に政治を行おうとした前期院政のスタイルに似ています。だから実現可能性も考えず、やみくもに自分のところに権力を集中させようとした。これは秩序を重んじる北畠親房とは相容れません。

そのためか、一三三三年に後醍醐天皇が建武の新政を開始しても、息子の北畠顕家は鎮守府将軍となりますが、親房には何のポストも用意されていませんでした。

京都に居場所がない親房は、顕家について奥州に赴きます。そこで、義良《のりよし》親王を担いで、軍事は顕家が掌握するといった小さな奥州幕府を立ち上げようとします。さらに護良《もりよし》親王

（一三〇八－一三三五）と連携して、足利尊氏の暗殺を狙います。これはうまくいきませんが、要するに、親房の戦略は、後醍醐天皇よりも、それと反目した護良親王と親和性が高かったといえるでしょう。

鮮やかな軍事の才

北畠親房の不思議なところは、れっきとした上級貴族であるにもかかわらず、軍事の才があったことです。一三三六年、京都を占領した足利尊氏を追って京都に帰り、楠木正成や新田義貞とともに尊氏を京都から追い出すことに成功します。その後、九州で勢力を取り戻した足利尊氏が、再び京都を占領すると、一三三八年、親房は、顕家や新田義貞を失った南朝軍の総司令官となり、伊勢で態勢を立て直し、さらに船で常陸国（今の茨城県）に渡ります。そして常陸で抵抗を続けること五年、この間に『神皇正統記』を書き上げているのですから、驚くべき能力の高さです。

一三三九年、後醍醐天皇が没し、義良親王が即位して、後村上天皇（一三二八－一三六八、在位一三三九－一三六八）となります。すると一三四三年、親房は後村上天皇のいる吉野に赴き、南朝の指導者となります。

ここからがまた混乱に拍車がかかるのですが、一三五〇年、足利幕府内で、足利尊氏と弟の足利直義《ただよし》（一三〇六－一三五二）の間で深刻な路線対立が生じ、観応《かんのう》の擾乱《じょうらん》と呼ばれる内紛が勃発します。そのとき、直義は、北朝を擁する尊氏と戦うと朝敵になってしまうというので、南朝に帰順するのです。南朝をバックにつければ、朝敵にはなりません。そのうえで直義は鎌倉に逃げていきます。

すると、今度は尊氏です。直義を追いかけようとすると、京都が手薄になってしまう。そのとき吉野にいる南朝側の軍勢は二千か三千しかないのですが、京都はとにかく守るのが難しい土地なのです。留守中に南朝軍に攻められたら厄介だと考えた尊氏は、なんと自分も南朝に降伏してしまうのです。北畠親房が、北朝の天皇を下ろして、南朝の後村上天皇だけが正しい天皇であることを認めろ、と要求すると、これも尊氏は受け入れます。つまり、留守の間、京都が攻められないように、というだけのことで、尊氏は北朝を切り捨てたのです。

こうして尊氏が直義を討つために鎌倉に向かうと、さっそく親房は京都に攻め上ります。そしていったんは京都を占拠するのですが、再び足利軍が攻勢に出て、親房率いる南朝勢はまた吉野に帰っていきます。その際に、親房は北朝の上皇三人と皇太子、そして三種の神器を吉野に拉致《らち》するのです。つまり、北朝が新たに天皇を立てられないようにしたわけです。そこで足利尊氏たちがどんな手を打ったかは、次の章の黒幕、三宝院賢俊《さんぼういんけんしゅん》のところで述べたいと思いますが、結局、北朝は三種の神器なしでも次の天皇を即位させてしまう。
それでも北畠親房は一三五四年に亡くなるまで、めげることなく戦い続けます。

アクロバティックな正統

北畠親房の凄さは、そのスペックの高さもさることながら、その諦《あきら》めの悪さにあると思います。自分が信じた正統を追い求めるために、どんな苦労も辞さない。遠回りやアクロバティックな立ち回りも平気でこなします。

なかでも凄まじいと思わざるを得ないのが、論理のアクロバットです。『神皇正統記』は今でも参照される天皇論の古典ですが、親房が本当に言いたいことはひとつ、とにかく大覚寺統が正統だということです。

その際、後鳥羽から息子の土御門へ、そしてその弟の順徳へという皇位継承をどう考えるかが、親房にとっては大問題でした。普通なら嫡流は土御門から順徳に移ったことになります。しかし、前にも述べたように北畠家は、後嵯峨天皇とともに浮上した家です。何が何でも土御門の息子である後嵯峨こそ正統だといわなければなりません。そこで親房が持ってきた論理は、「土御門は兄で、順徳は弟だから、兄の方が正統だ」というものでした。すると、今度は持明院統と大覚寺統の関係が説明できません。持明院統の後深草天皇（一二四三－一三〇四、在位一二四六－一二六〇）が兄で、大覚寺統の亀山天皇（一二四九－一三〇五、在位一二六〇－一二七四）が弟だからです。先の論理からすると、持明院統こそ正統になってしまいます。

そこで親房は第二の論理を用意します。すなわち、三種の神器を持っている方が正統である、と。さっきの兄弟の論理はどこにいったのか、力ずくでも三種の神器を奪った方が正しいのか、と言いたくなりますが、このあたりが、北畠親房の強靭《きょうじん》さなのでしょう。論理を追求しながら、現実との大胆な妥協も恐れない。

結局、現在の皇統譜に正統として刻まれているのは南朝です。南朝の後亀山天皇が吉野から三種の神器を持参して、京都の後小松天皇に渡した。その時点から、「ニセモノの天皇」だった後小松天皇は正統な天皇となり、その系譜が、いまの天皇まで続いている——。それが今でも公式見解となっているのです。北畠親房の強烈な個性があったからこそ、南朝は歴史を生き延びたといえるでしょう。

第九章　三宝院賢俊

「錦の御旗」を持ち帰った尊氏の密使

一三三三年に鎌倉幕府が滅び、後醍醐天皇が建武の新政を開始した後も、複雑怪奇な動乱の時代が続きます。いわゆる南北朝時代です。動乱の時代には、当然、従来のシステムは機能しません。さまざまな人物が暗躍する、まさに「黒幕」の時代といえます。

前の章では、南朝側に立って戦った北畠親房を取り上げました。この章では、北朝側の、あまり知られていないが重要な役割を果たした人物として、三宝院賢俊（一二九九－一三五七）を取り上げたいと思います。賢俊は真言宗の僧侶で、のちに真言宗醍醐派の総本山、醍醐寺の座主となります。三宝院は醍醐寺内にある院家《いんげ》のひとつです。

北畠親房のところで、親房が北朝から三人の上皇、皇太子、そして三種の神器を吉野に持ち去ってしまった、と述べました。足利尊氏たちにしてみれば、いざというとき自分たちを正当化してくれるはずの天皇がいなくなってしまったわけです。

その苦境を打破したのが、この三宝院賢俊です。北畠親房による皇族の拉致もウルトラCともいえる奇襲攻撃でしたが、それに対して、賢俊たち北朝側の対応策も、従来の常識ではまず思いつかないようなものでした。

そもそも賢俊は、足利尊氏と、持明院統（すなわち後の北朝）を結びつける重要な役割を果たした人物でもありました。つまり、尊氏のブレーンとして、皇室との間を「結びつける黒幕」だったのです。

日野氏と持明院統

では、賢俊のプロフィールを見ていきましょう。

彼は名家のひとつ、日野氏の出身でした。前にも登場した実務貴族です。この日野氏の特徴は、持明院統だけに仕えたほぼ唯一の家だったことです。持明院統から天皇が出ると重用され、大覚寺統に移ると目立たない存在になります。

ただし鎌倉時代も末期になると、大覚寺統に仕える者も出てきました。その代表的な存在が日野資朝《すけとも》（一二九〇－一三三二）で、後醍醐天皇の倒幕計画（一三二四年の正中《しょうちゅう》の変）に連座して佐渡に流され、のちに処刑されてしまいます。この資朝は、賢俊の兄でした。

また安居院浄俊《あんごいんじょうしゅん》（不明－一三三五）という兄弟もいて、彼は天台宗三千院系の僧侶でしたが、後醍醐天皇の息子である護良《もりよし》親王に仕えていました。

それに対し、賢俊のもう一人の兄で、日野家の当主である日野資名《すけな》（一二八六－一三三八）は持明院統の側近として活躍します。一三三一年、後醍醐天皇が二度目のクーデター計画に失敗し、鎌倉幕府が光厳《こうごん》天皇（一三一三－一三六四、北朝初代の天皇として在位一三三一－一三三三）を立てた際には、後醍醐から光厳への三種の神器の受け渡しにたずさわり、その後も、光厳天皇らと運命をともにします。

そのなかにあって、賢俊は醍醐寺で密教を学び、僧侶としてキャリアを積みます。その意味では政治とは遠いコースを歩いてきたはずの賢俊が、足利尊氏との関係を深めていくのです。尊氏は戦いの場にも賢俊を同行させて、祈禱《きとう》をしてもらう。天皇のために日夜、祈禱を行う僧を天皇護持僧といいますが、賢俊は足利尊氏の護持僧となるのです。

光厳上皇からの院宣

南北朝の戦いは、何度説明しても複雑なのですが、その発端のところをごく簡単に述べますと、一三三三年、それまで二度のクーデター計画に失敗した後醍醐天皇が、流刑地の隠岐から脱出します。それを討つために、鎌倉幕府は有力御家人である足利尊氏（このときは高氏ですが）を派遣します。

ところが、ここで尊氏は鎌倉幕府から離反することを決めるのです。後醍醐天皇から倒幕の密勅を受けた尊氏は六波羅探題を攻め落とします。時の光厳天皇以下、持明院統の皇族たちは京都を脱出し、鎌倉を目指しますが、途中で後醍醐方に捕らえられ、剣璽《けんじ》（三種の神器のうち剣と勾玉《まがたま》）を奪われてしまいます。鎌倉は新田義貞らに攻められ、北条一族は滅亡します。

京都では後醍醐天皇が建武の新政を始めますが、一三三五年、北条氏の残党が反乱を起こし、一時、鎌倉を占拠します（中先代の乱）。尊氏は後醍醐天皇に、この乱を制圧するために征夷大将軍に任じてほしいと頼みますが、受け入れられないまま、四万の兵とともに関東に向かいます。後醍醐天皇は、あとから征東将軍に任じますが、尊氏は弟の直義とともに鎌倉にとどまり、独自に恩賞を与え始めるのです。

これまでにも述べたように、武家のトップとしての最大の役割は、土地の分配と保障です。尊氏は事実上、独自の権力としての振る舞いを始めたことになります。

これに怒った後醍醐天皇は尊氏討伐を命じ、尊氏は一時は出家して許しを求めましたが、結局、兵を率いて西へ進み、建武三年正月（一三三六年）、京都を制圧。後醍醐天皇は比叡山に逃げます。

しかし、情勢はさらに目まぐるしく変わります。奥州から北畠親房と顕家が上洛、楠木正成、新田義貞とともに尊氏を攻めると、尊氏はいったん九州まで退きます。そして尊氏は態勢を立て直して、同年六月には再び京都を占領するのです。

このとき九州に下る途中、尊氏は播磨《はりま》の室泊《むろのとまり》（今の兵庫県室津）で軍議を開きました。そこで尊氏が、朝敵とみなされるのはつらい、いい案はないだろうかと一同に諮《はか》ると、播磨の武士、赤松則村《のりむら》（のちに円心）が、「およそ合戦には旗をもって本《もと》とす。官軍は錦の御旗《みはた》を先だつ。御方《みかた》はいずれにもこれに対向の旗なきゆえに朝敵に相似たり」、そこで錦の旗が必要ならば、大覚寺統の後醍醐天皇に対抗するために、持明院統を担いではどうか、と提案したのです。

時の持明院統のトップは、後醍醐によって天皇の座を追われ、京都で逼塞《ひっそく》していた光厳上皇でした。そこで、光厳上皇と連絡がつけられる者はいないか、ということになって、手を挙げたのが賢俊でした。尊氏の護持僧として九州行きにも同行していたわけです。先にも述べた通り、賢俊の兄・日野資名は光厳上皇の第一の側近です。しかも、賢俊は僧侶ですから、戦場を行き来しても、いきなり殺される危険性は低いのではないか、ということで、尊氏の密使に選ばれるのです。

この話にはどうもウラがありそうです。というのは、赤松円心の息子・赤松則祐《そくゆう》は護良親王の側近でした。先に述べたように、賢俊の兄弟である浄俊も護良親王の補佐役を務めています。この二人はいわばチーム護良の重要メンバーでした。

そうしてみると、赤松則祐の父・円心が持明院統との連携を提案し、浄俊の兄弟である賢俊がその使いを買って出る、という展開は偶然ではなく、二人の間で、前から決められていたのではないか。

いずれにしても賢俊はみごと光厳上皇から新田義貞を討てという院宣《いんぜん》を持ち帰りました。建武三年二月のことです。これによって、足利尊氏は持明院統の忠臣と認定され、朝敵の汚名から脱したのです。

九州から京都に攻め上った尊氏は、京都に残った光厳上皇らと合流、光厳上皇は尊氏に求められて、弟の豊仁《ゆたひと》親王を光明天皇（一三二一－一三八〇、在位一三三六－一三四八）として即位させます。このとき、後醍醐天皇は尊氏と和睦を結び、光明天皇に三種の神器を渡します（翌月、後醍醐は和睦を破棄、このとき渡した神器は偽物だったと主張しますが）。

賢俊の働きにより、尊氏は持明院統と手を結び、北朝の守護者となりました。賢俊は醍醐寺の座主となり、尊氏が帰依したことで三宝院の格も上がり、将軍門跡《もんぜき》と呼ばれるようになります。のちに室町幕府は将軍護持僧を制度化しますが、そこには摂関家出身かそれに準じるような天台宗・真言宗の格の高い僧侶が選ばれます。それを取りまとめるのが三宝院となる。つまり、賢俊の前まではそこまで格が高くなかった三宝院が、醍醐寺でもトップになり、天台宗・真言宗のトップに位置付けられるようになるのです。

　このころの賢俊の書状が残っていますが、そこには「私は戦場に出て、尊氏様のために祈る。そこで討ち死にしても悔いはない」といったことが書かれています。僧侶ではあるが、尊氏を主人として、忠誠を誓う。賢俊はそうした存在になるわけです。

神器がない！

　この足利尊氏と北朝を結びつけたことを第一の功績とすると、もうひとつの大仕事が、光厳上皇の息子である後光厳天皇（一三三八－一三七四、在位一三五二－一三七一）の即位でした。

　前の章で述べた北畠親房による三上皇、皇太子拉致事件（一三五二年）の際、北朝は天皇も三種の神器も吉野に持って行かれてしまいます。

当時、足利尊氏は東国にいました。京都に残った息子の足利義詮《よしあきら》（一三三〇－一三六七）や佐々木道誉《どうよ》（一二九六－一三七三）は、僧侶になる予定だった弥仁《いやひと》親王を天皇として即位させようとします。

しかし、天皇を定める院宣を出す上皇がいません。そこで弥仁親王の祖母で幼少期、後見役を務めていた広義門院（西園寺寧子、一二九二－一三五七）を上皇の代理として、治天の君になってもらい、後光厳天皇の即位を執り行うのです。拉致事件から二カ月後、観応三年八月（一三五二年）のことでした。広義門院は後伏見上皇の女御で、光厳天皇、光明天皇の母ですが、皇族出身ではありません。女性で治天の君となったのも、皇族出身以外で治天の君となったのも、後にも先にも彼女一人です。

ここで大きかったのは、足利政権が再び天皇を奉じることができたこと、さらには院宣を発することができる治天の君を立てられたことでした。これによって、人事や儀式などの政務がスムースに執り行えるようになったのです。

ところが、この後光厳天皇の即位に際して欠けているきわめて大切なものがありました。三種の神器です。ここでまた賢俊の出番になります。

賢俊は、南朝の後村上天皇がかつて拠点にしていた男山《おとこやま》（石清水《いわしみず》八幡宮）に赴き、周囲を探索して、唐櫃《からびつ》を携えて戻ってきます。そして、これこそ三種の神器の鏡が収められていた小唐櫃である、ということにしたのです。その上でこれを三種の神器に見立て、何とか即位の儀式を執り行ったのでした。

上皇のブレーンから将軍のブレーンに

この後光厳天皇の即位をみて、北畠親房はどう思ったでしょうか。私はあんがい、その手で来たか、とニヤリと笑っていたのではないかと思います。天皇をいわば政治ゲームのコマとして、いかに自分たちの陣営のために利用するか、という点では、実は北朝についた賢俊たちも、南朝方の北畠親房も、あまり変わりはありません。賢俊たちは、親房が放った「治天の君を奪う」、「三種の神器を奪う」という手に対して、奇手ともいうべき反撃で乗り切った。親房としても、敵ながらなかなかやるな、というところではなかったでしょうか。

　賢俊が後世に与えた影響としてさらに大きかったと思うのは、それまで上皇のもとに集まっていた権力装置が、室町将軍家に移ったことです。日野家のように、かつては上皇のブレーンであり、手足となって動いてくれた中級・下級貴族たちが、足利将軍家にごっそり引っこ抜かれる。これを完成させたのが、次の章で論じる細川頼之だと思いますが、武士が構成する幕府と天皇を中心とする朝廷が合体して、新しい室町王権をつくっていく。賢俊はその先駆的な例といえます。

　賢俊の実家である日野家は、室町幕府において、足利家の外戚としての地位を占めるようになります。最も有名なのは八代将軍・義政（一四三六－一四九〇）の妻・日野富子（一四四〇－一四九六）ですが、足利将軍家は代々日野家の女性を妻にしていく。その結果、富子の兄・日野勝光（一四二九－一四七六）は左大臣にまで昇進するのです。名家に過ぎなかった日野家から大臣が出る。これについては、家格主義者の北畠親房はあの世で激怒したことでしょう。

第十章　細川頼之　室町王権の設計者

　一口に幕府といっても、鎌倉幕府と室町幕府はまるで違います。その一番の違いは拠点とする場所です。鎌倉に本拠を置くか、京都に置くか。これは農業を基盤とする鎌倉幕府と、商業・交通の中心地である京都に中心を据え、貨幣経済を前提とする室町幕府との違いでもあります。

　政治の面で大きかったのは、朝廷との距離です。自立し、朝廷と対抗し得る武士政権を目指した源頼朝はあえて東国の鎌倉に幕府を開きました。それに対し、足利尊氏は最大の協力者だった弟の足利直義を切り捨ててまで、朝廷のある京都を選んだのです。私はその後の室町幕府の歴史は、基本的に、この尊氏と直義の路線対立の繰り返しであったと考えています。

　この両者のうち、尊氏路線を継承し、最大の成果を上げたのが、三代将軍・足利義満

（一三五八－一四〇八）でした。義満は将軍であると同時に、公家社会のトップの座にも就きます。幕府と朝廷の両方の権力を一人で体現するスーパー権力者となるのです。

そして義満が君臨した「室町王権」のグランドデザインを描いた人物こそ、本章の主人公、細川頼之（一三二九－一三九二）でした。

義満の育ての親として

細川頼之を一言でいうなら「足利義満の育ての親」ということになるでしょう。もともと二代将軍の義詮のもとで執事（のちの管領）を務めていたのは従兄弟にあたる細川清氏（不明－一三六二）でしたが、失脚し、最後は義詮の命を受けた頼之に討たれます。さらに、清氏の後、執事となった斯波《しば》義将《よしゆき》（一三五〇－一四一〇）も失脚すると、頼之は一三六七年、管領に就任します。義詮は何をやらせてもうまくいかない将軍でしたが、晩年に頼之を起用したこと、そして少年だった義満の後見人に指名したのは正解だったといえるでしょう。

義満は一三六八年に十歳で元服するのですが、そのときの烏帽子《えぼし》親《おや》が頼之でした。烏帽子親は一門のトップや主君など、将来にわたって面倒をみてくれる人がなるもので、いわば親代わりの存在です。義満の元服においては、加冠といって烏帽子をかぶせる役が頼之で、そのほか髪を整える理髪、切った髪を箱にしまう打乱《うちみだり》、髪を整えるための湯水を扱う泔坏《ゆするつき》という四役をすべて細川氏が担当しました。普通なら、加冠が細川なら、理髪は斯波、打乱は山名といった具合に、有力者たちで分け合いますから、いかに義満が細川に抱え込まれていたかがわかります。

武士でもトップ、貴族としてもトップ

元服した義満は貴族として出世の階段を上っていきます。尊氏、義詮は権大納言どまりでしたが、義満は内大臣、左大臣を経て、最高位の太政大臣に上り詰めるのです。

ここで重要なのは左大臣を経験していることです。平清盛も太政大臣を務めましたが、内大臣の次に、右大臣・左大臣をスキップして、太政大臣になっています。二段飛ばしのほうがスピード出世に思えますが、大臣に関しては違う。内の次が太の清盛より、内、左、太の義満のほうが格上なのです。

それは左大臣がすべての儀式の監督役だからです。儀式の段取り、貴族たちの動きなどがすべて頭に入っていなければなりません。そうした知識がないから、清盛は左大臣をや

ろうと思ってもできなかったのです。源実朝も右大臣まで昇っていますが、左大臣はどうするつもりだったのでしょうか（いうまでもなく、その前に暗殺されてしまいました）。ずっと下って、織田信長も右大臣、豊臣秀吉は内大臣から関白、徳川家康も右大臣、死の間際に太政大臣になりますが、いずれも左大臣にはなっていません。

ところが義満にはその左大臣が務まった。なぜかといえば、若いころから二条良基《よしもと》（一三二〇－一三八八）という当代きっての文化人であり、太政大臣、摂政、関白を歴任するトップ貴族を家庭教師として雇い、貴族のしきたり、文化についてみっちり勉強したからです。二条家は五つある摂関家のなかでも、鎌倉時代から武家との関係が深い家でした。つまり、義満は早くから名実ともに貴族の一員となり、朝廷を実質的にも支配できるよう、営々と準備を重ねてきたことになります。

では、このコースを設定したのは誰なのか？　十歳ちょっとの義満が自分で考えた、というのはやはり無理があるでしょう。それが可能なのは、幕府のナンバー2の管領であり、烏帽子親でもある細川頼之をおいてほかにいません。

興味深いのは、国文学の研究などを参照すると、細川頼之は和歌の会などによく顔を出しているのですが、必ず一緒についてくるのが武家では赤松、公家では広橋。彼らは細川グループとみていい。広橋家は日野氏の流れをくむ名家なのですが、たとえば広橋兼宣《かねのぶ》（一三六六－一四二九）は幕府と朝廷のパイプ役である武家伝奏を務め、准大臣にまで昇進しています。

この広橋家などをはじめ、義満は貴族たちを自分の家来として迎えていきます。義満は単なる武家のための名誉職でなく、ちゃんとした貴族として儀式を仕切れるから、公家たちも文句のつけようがない。貴族は官位で動きますから、足利尊氏が将軍だからといって、権大納言に大臣が頭を下げるわけにはいきません。義詮が尊氏の仏事をおこなった際にも、貴族の出席者は、少数の、特に幕府との関わりが深い者に限られていました。しかし、義満が祖父や父の仏事を営むと、ほとんどの貴族が列席します。義満が貴族としても彼らの上司だからです。

こうして義満は武家も公家もみな家来とする「室町王権」を実現させていきます。

尊氏か直義か

武家のトップである将軍が、貴族になって、公家社会も支配する。この発想はどこから出てきたのでしょうか。

本章の冒頭で述べたように、私は室町幕府の最初期、兄の尊氏と弟の直義の争いにルーツがあると考えています。鎌倉に留まろうとした直義と、京都を選んだ尊氏。その背後にあるのは、幕府のあり方に関する根本的な路線対立でした。

直義から見ていきましょう。彼の考え方は明快で、武士は武士、朝廷は朝廷ではっきりと棲み分ける。後醍醐天皇のクーデターに巻き込まれたように、朝廷の争いに武士が関わるとろくなことにならない。また逆に武士の政治には、朝廷に口を挟ませない。だから鎌倉に戻るべきだと考えたわけです。

それに比べると、尊氏が何を考えていたのかははっきりしないところがありますが、京都に拠点を置く以上、朝廷と関わり合うことは避けられないと考えたはずです。しかし、あくまでも武士がイニシアティブをとらなくてはならない。

そもそも第八章でみたように、尊氏は自分の留守に京都を攻められないように、といった程度の理由で、北朝を切り捨てたくらいですから、自分たち武士が朝廷に従うなどとは思っていなかったはずです。その一方で、敵方の北畠親房、味方になった日野氏をはじめ、公家たちの文化力、実務能力も知ります。武家が主導して、貴族社会を呑み込んで利用していこうというのが、尊氏のプランだったと考えられるでしょう。このようにみていくと、細川頼之は尊氏派の継承者ということになります。

それに対して、斯波、山名といった頼之と政治的に対立したグループは、もともと直義派でした。観応の擾乱の際、斯波高経《たかつね》（一三〇五－一三六七）、山名時氏（一三〇三－一三七一）はいずれも直義方の主力として、尊氏と戦いました。

実はこの対立は、室町幕府のなかでその後もずっと続きます。室町幕府は有力な守護大名たちの連合による政権という面がありました。有力な守護大名は複数の国にわたって支配権を持つ強力な存在となっていきます。そのため、敵対する勢力を完全に排除できない。つねに呉越同舟《ごえつどうしゅう》の状態が続くのです。

武家、公家にまたがる権力を打ち立てた義満も例外ではありませんでした。一三七九年、斯波氏や土岐《とき》氏を中心として頼之の管領罷免《ひめん》を求める康暦《こうりゃく》の政変が起こります。義満はそれに抗することができず、頼之は野に下り、本拠地である四国に戻ります。代わって管領となったのは高経の子で、反頼之の急先鋒だった斯波義将でした。

しかし、その後、義満は頼之を追い出したグループに反撃します。一三九〇年には土岐氏、明徳二年十二月（一三九二年）には山名氏を討つ。その間一三九一年に斯波義将が管領を辞任すると、細川頼之を呼び戻します。頼之の養子・頼元（一三四三－一三九七）を管領とし、頼之はその補佐という形で幕政に復帰しました。

グランドデザインの実現

義満－頼之によるグランドデザインは、一三九一年から翌一三九二年にかけて一気に実現します。まず山名氏の内紛に乗じて、先にも述べたように、反細川派の大物、山名氏清を討ち、軍事的な覇権を握ります（明徳の乱）。

次に朝廷の利権であった、京都における土地・債務の裁判権・課税権を、幕府の管轄下に置きました。さらに東国の切り離しです。関東地方を管轄する鎌倉公方《くぼう》に、東北地方も任せることにしました。義満－頼之は、室町幕府を、京都を中心とした西国政権と規定したのです。

もともと足利尊氏は、東北などの地方については、「遠国のことは多少思い通りにならなくても放っておけばいい」と述べていましたから、これも尊氏路線の継承といえるでしょう。

ここで興味深いのは、細川氏と斯波グループの位置関係です。

斯波氏の領地は越前と尾張、土岐氏は美濃《みの》です。つまり斯波グループは東西の境い目となる場所を押さえていたわけです。これは東国と西国が強い緊張関係にあるときには、重要性を増しますが、東国が切り離されると、その重要度は下がらざるを得ません。

それに対して、細川頼之は四国を本拠地として、中国地方に勢力を広げていました。当時の経済の大動脈は、博多と京都を結ぶ瀬戸内海でした。貨幣経済が発達するほど、瀬戸内海を誰が握るかが重要になります。

そのため、斯波グループのなかでも、東国との境に拠点を持つ斯波氏よりも、中国地方に領国を持っている山名氏が力を持つようになります。この細川氏と山名氏の勢力争いが、のちの応仁の乱の基本的な対立構図となるのです。

そして、義満‐頼之が思い描いた「室町王権」の総仕上げが南北朝の統一でした。

一三九二年、義満は、南朝の後亀山天皇に、南北朝統一の条件として、持明院統と大覚寺統が交互に天皇となることなどを提示します。後亀山天皇はこれを受け入れ、北朝の後小松天皇に三種の神器を譲渡し、南朝は終焉を迎えました。このあと両統迭立の約束は守られることなく、北朝だけが続いていきます。

私には、室町幕府が五十年近くも、ほとんど死に体となっていた南朝にとどめを刺さなかったことの方が不思議でした。特に北畠親房が亡くなってからは、南朝を滅ぼすのは、軍事的にはそれほど難しいことではなかったはずです。しかし、幕府にとって問題なのは、南朝ではなく、むしろ北朝のコントロールだったのではないか、と考えるようになりました。

成立したばかりの、政治的に脆弱《ぜいじゃく》な室町幕府にとって、南北朝がひとつにまとまって力を強めることは大きなリスクだったのです。朝廷を二分したままで弱体化をはかり、もしも北朝が幕府に逆らうならば、いつでも南朝に切り替えられる——そうした選択肢を残すことで、朝廷の幕府への依存を高めようとしたのではないか。

義満－頼之による「室町王権」の完成で、北朝は完全に支配下に置くことができた。すると、もう南朝は必要がなくなったのです。

頼之は明徳の乱で山名氏清が討たれたのを見届けて、一三九二年の春にこの世を去りました。

終わらない対立

ところが、この義満－頼之が築き上げた室町王権も長くは続きませんでした。

次の四代将軍・足利義持（一三八六－一四二八）は、父・義満の「室町王権」路線を否定して、幕府と朝廷を分離する方向に進みます。管領にも、反細川グループのリーダー、斯波義将が再び迎えられました。

義持はかねて父・義満と不仲で、義満が建てた北山第《きたやまてい》も、金閣を除いて解体してしまったほどですが、義持が路線転換をした理由を、すべて親子問題と片づけることはできないでしょう。なぜなら、この路線転換は、斯波氏をはじめ、少なからぬ勢力によって支持され、推し進められたものだったからです。

義満は強大な権力を握ったようにみえますが、抵抗勢力を潰し切ることはできませんでした。山名氏にしても、明徳の乱からわずか八年で、六カ国の守護として復活しています。内紛を利用しているために、一族全体は排除できず、必ず誰かが生き残る。そして、将来に禍根が残って、次の内紛を招く。

室町幕府の歴史は、内部分裂の歴史でもあります。幕府の内部でも分裂が起こり、有力な武士たちの家でも、それぞれ内部分裂が生じ、連鎖していく。その帰結が応仁の乱だといえます。

細川頼之の描いた「武家が朝廷を呑み込む」というグランドデザインは、平清盛が目指そうとして果たせなかったものだといえるかもしれません。そして、それは形を変えて、太閤秀吉の豊臣政権に受け継がれているともいえます。さらにいえば、徳川家康の開いた江戸幕府は、頼朝以来の「朝幕分離」路線でしょう。

尊氏か直義か、京都か鎌倉か。これは日本の歴史を考える上で、長い射程を持った重要な問題なのです。

第十一章　三宝院満済

将軍への意見を突き返した「黒衣の宰相」

前の章で、三代将軍・足利義満の政策を、息子の足利義持がことごとく引っくり返してしまった、という話を紹介しました。この義持の死後、後継者をめぐって一大珍事が起こりました。後継者が決まらず、なんと、くじ引きで将軍を決めることになったのです。なぜ、そんなことになったのかは後に述べるとして、このとき、くじを作成したのが、本章で取り上げる三宝院満済《まんさい》（一三七八－一四三五）でした。満済は将軍を決めたキングメーカーのひとりなのです。僧侶の身でありながら、足利義持、そしてその後継者、足利義教《よしのり》（一三九四－一四四一）の二代にわたって政治顧問を務めた満済は「黒衣の宰相」と呼ばれました。

三宝院は、三宝院賢俊の章でも登場した醍醐寺内の寺院のひとつです。賢俊の活躍により、足利将軍家との関係を深め、醍醐寺だけでなく、仏教界の中枢に位置付けられるようになりました。

賢俊が日野家の出身だったために、三宝院では日野家の血縁が重視されていたのですが、満済は摂関家である二条家の分家、今小路家の出身でした。日野家の人を押しのける形で、満済が三宝院に入ったのは、時の将軍、足利義満のバックアップによるものだったと考えられます。満済の母が足利家と縁があったと思われますが、満済は義満の猶子《ゆうし》になっているのです。そして一三九五年、義満は三宝院の門跡（トップ）をクビにします。その後に門跡となったのが満済だったのです。その翌年には、義満に連れられて延暦寺に行き、いっしょに受戒しているほど、二人の関係は深いものがありました。

前の章でも触れたように、義持は、一四〇八年、父・義満が死ぬと、義満の寵愛を受けて要職に就いていた人物を次々とクビにしていきました。ところが満済にだけは手を出していないのです。つまり、義持にも満済は認められていたことになります。

満済は『満済准后《じゅごう》日記』と呼ばれる日記をつけていたのですが、それを読むと、「室町殿からこういう諮問があった。ああいう諮問があった」という記述が何度も出てきます。この「室町殿」とは義持です。義持は最初のうちは仏事に関することを聞いていたのですが、あるとき、ふと政治的なことを尋ねると、満済が的確なアドバイスを返してきたのです。それから義持は政治のことまで、満済に相談するようになり、満済は幕府内でも大きな影響力を持つようになります。

　幕府の中で特に満済と親しかったのが、管領の畠山満家（一三七二－一四三三）と、あの山名家の当主だった山名時熙《ときひろ》（一三六七－一四三五）でした。彼らとの交流はよく日記にも出てきます。

後継者を決めずに死んだ足利義持

　さて義持はいったん長男の足利義量《よしかず》（一四〇七－一四二五）に将軍の座を譲って出家しますが、病弱だった義量は二十歳にならないうちに命を落としてしまいます。義持には他に男の子がおらず、義持自身が大御所として将軍を代行することとなるのです。このとき、義持は三十九歳。まだまだ後継ぎがうまれるだろうと考えていたかもしれませんが、義量の死から三年後の一四二八年、今度は義持が病を得て、あっという間に他界してしまいます。

　当然、畠山満家ら重臣は、義持の枕元で、後継者は誰にするのか尋ねます。ところが義持は自分で決めようとしませんでした。「お前たちが決めろ」と言って、そのまま死んでしまったのです。

将軍は誰が決めるのか

なぜ義持は次の将軍を指名しなかったのか。私は学生のとき、このエピソードを知って、もうすぐ死にそうで苦しんでいるときに「あなたが死んだら、次の将軍は誰にしましょうか」と聞かれても、「うるさい、知ったことか」と思うだろうな、と感じたことを覚えていますが、果たしてそうなのか。

ここで重要なのは、「将軍は誰が決めるのか」という問いです。まず、「前の将軍が後継を指名する」という答えが思い浮かびますが、将軍が急死して後継ぎを決めていないというケースは少なくありません。では「天皇が任命する」という答えはどうか。たとえば源頼朝は後鳥羽天皇によって征夷大将軍に任じられますが、二年後には辞任してしまいます。しかし、その後も頼朝は武家政権のトップ、「鎌倉殿」であり続けました。となると、天皇が決めるものでもない。

では、武家政権のトップは誰が決めるのか。私が思いついたのは、「君は舟、臣は水。水よく舟を浮かべ、水また舟を覆《くつがえ》す」という古代中国の思想家、荀子《じゅんし》を踏まえた『平家物語』の一節です。つまり、将軍を決めるのは家臣たちなのではないか。

そこまで考えて、私が思い出したのは、佐藤進一先生が書いた「足利義教嗣立期の幕府政治」という短い論文でした。いまから五十年以上前に書かれたものですが、あらためて読み返すと、その要旨は次のようなものでした。義持は「たとい仰せ置かるといえども面々用い申さずば正体あるべからず」、つまり、たとえ私が次の将軍を指名しても、お前たちが支持しなかったら意味がない、と言っている。それを引いて、佐藤先生は、家臣たちの支持がなければ成り立たないというのが将軍の本質だ、とすでに論じているのです。

つまり、義持は無責任だったのではなく、将軍というものの本質を理解していた、ということになります。とはいえ、残された家臣たちからすれば、厄介な問題を押し付けられたことには変わりがありませんが。

では、義持に「お前たちが決めろ」といわれた重臣たちはどうしたか。当時はもちろん、世襲が大原則。そうなると、足利家の家督を継げる候補者はもともと限られていました。義持に息子がいないので、兄弟のなかから決めるしかない。兄弟はみな出家していて、上から義円《ぎえん》、虎山永隆《こざんえいりゅう》、義昭《ぎしょう》、義承《ぎしょう》に候補は絞られていました。しかも、そのなかで最有力候補もだいたい決まっていて、それが後に六代将軍・義教となる義円だったのです。その理由は、能力と母親です。義円は優秀だと評価されていたうえに、義持と母親が同じでした。

だったら話し合いで義円に決めたら良さそうなものなのですが、管領の畠山満家たちはそうはせず、くじを引いて将軍を決めることにしたのです。

なぜ、わざわざくじにしたのか。いくつかの可能性が考えられます。ひとつには、いくら義持がそうせよと言ったとはいえ、家来が主人を決めるのは憚《はばか》られたこと。もうひとつは選ばれなかった候補たちを「これは神意によるものです」と説得するため。

そこで管領の畠山満家の要請で、満済がくじを作成することになりました。石清水八幡宮で畠山がくじを引いたところ、義円の名前が書いてあった。そこで義円が将軍の座に就いて、還俗して義教を名乗るのです。

私はこのくじ引きは形だけのもので、畠山と満済が協力して、あらかじめ義円が将軍になるように仕込んでいた、という説を唱えましたが、「そんなこと、史料のどこにも書いてない！」というお叱りを受けました。

しかし、このくじがいわば八百長であるという状況証拠はそろっています。まず、畠山と満済が以前からの盟友であったこと。それから石清水八幡宮という場所です。満済は三宝院門跡としてさまざまな寺社や土地を支配下に置いていたのですが、いくつかの有力八幡宮もそうでした。三条八幡宮、六条八幡宮、七条八幡宮といったところはみな満済が支配していたのです（さすがに石清水八幡宮は格が高いので支配できませんが）。

さらにいえば、義教は将軍になった後、満済に准后宣下《せんげ》を行っています。つまり皇后、皇太后、太皇太后の三つの后に準じる皇族待遇を贈っている。いくら三宝院門跡が偉いといっても、これほどの厚遇を受けたのは満済が初めてでした。これも、満済のおかげで将軍になれたことへのお礼だとすれば納得がいきます。

当時の人たちも、満済がキングメーカーだったことを知っていただろうと思います。ですが、三宝院様の思し召しだから、ということで、誰も文句は言わなかった。まさに堂々たる黒幕ぶりです。

申次という権力

では、幕府において、満済がどのような役割を果たしていたのか。それは将軍への申次《もうしつぎ》でした。

先にも触れましたが、鎌倉時代、承久の乱以降に、朝廷と幕府が互いに自分たちの意思を相手に伝えるとき、外交ルートを一本化しておく必要がある、というので、朝廷に置かれたのが関東申次でした。乱後の関東申次が、四代将軍・藤原頼経の父でもある九条道家。しかし、道家は朝廷のトップですから、実務をやるには偉すぎるので、具体的な事務を取り仕切っていたのが、前述した海住山長房の後継者である二条定高でした。

その後、九条道家が力を持ち過ぎたというので、幕府は道家を外し、かわりに親幕的な貴族であった西園寺家を持ってきます。それからは代々、西園寺家が申次を世襲していきます。

この申次の構造は、朝廷や幕府の内部でも存在していました。先に北条政子のところで取次ぎの話が出てきましたが、天皇や将軍といったオモテの権力者に話を持っていくときにも、やはり直接は話をしない。必ず申次（伝奏）を通すのです。

話を満済に戻すと、満済は義教政権でこの申次の役目を担っていたのです。『満済准后日記』から、関東の鎌倉公方との交渉のケースを紹介しましょう。

当時、京都の将軍・義教と、関東の鎌倉公方だった足利持氏（一三九八－一四三九）との関係はきわめて緊迫していました。というのも、義持が死んだとき、鎌倉公方の持氏は、自分こそが室町幕府で将軍に次ぐナンバー2だから、次の将軍は自分に違いない、と考えていた。だから、義教に激しい敵対心を抱いたわけです。当時の室町幕府にとっては、鎌倉公方をどうやってなだめるか、抑え込めるかが最大の問題だったのです。

そうした状況の中で、鎌倉公方から京都の幕府に使者が送られてきます。その使者も僧侶です。三宝院賢俊もそうでしたが、なぜ使者に僧侶が登用されるかというと、まず、さすがにお坊さんは殺さないだろう、というのが一つ。もうひとつは僧侶（と女性）は制度の外側に置かれていたために、いわば中立的な存在とみなすとされていたからでしょう。

鎌倉公方からの使者は、将軍にお目にかかって話がしたい、正式な会見の場を設けてほしいと言いました。それに対し、義教は「自分に会いたいなら、起請文《きしょうもん》を書け」と使者に迫ります。では、どんな起請文を書けばいいのか。

関東は鎌倉公方の管轄ですが、宇都宮氏や那須氏などは、室町幕府が直々《じきじき》に目をかけている武士たちでした。彼らは、京都から扶持《ふち》を受けているという意味で、京都扶持衆と呼ばれるのですが、鎌倉公方からすると、自分のテリトリーに京都の室町幕府からくさびを打ち込まれているようなもので、目《め》障《ざわ》りで仕方がない。一方、室町幕府からすると、鎌倉公方を牽制《けんせい》するためにも、京都扶持衆は大事な存在です。

そこで義教は、自分に会いたかったら、鎌倉公方は勝手に京都扶持衆に手を出さない、攻めたり滅ぼしたりしない、と誓約した文章を出せ、と求めました。

ところが、これが京都にいて室町幕府を支えている守護大名たちから一斉に反発されるのです。彼らからすると、せっかく関東がわざわざ使者を送って、下手に出ているのだから、会えばいいじゃないか、というわけです。

このとき、大名たちと将軍義教の間に立っていたのが、満済なのです。大名たちが満済に、「使者に会うべきでしょう」と将軍に伝えてくれ、という。すると、満済は「これは将軍には伝えられません」と拒否するのです。室町殿、すなわち義教は日本全体の平和を考えている。当然、鎌倉からの使者には会いたいが、やはり扶持衆を守らなくてはならない。だから平和のために起請文を書けと要求しているのであって、あなたたち（大名たち）は視野が狭すぎる、と突き返してしまう。

その満済の回答を受けて、大名たちは、また策を練り直します。京都扶持衆のなかでも最有力者（鎌倉公方と対立していた足利満直《みつただ》）の名前を挙げて、「この方のことをわれわれは忘れていました。彼の立場が危うくならないよう、われわれから関東に言いますから、どうか使者に会ってください」とあらためて陳情する。それに対して、「今回はなかなかよく考えた。しかし、まだ駄目だ」ともう一考させる。このように、将軍に伝えるかどうかを決める、という形で、満済は大きな権力を行使するのです。

　これが申次という、ウラの権力のあり方です。ただし満済は、自己の利益は考慮せず、大名たちをうまくコントロールしました。逆に義教があまりに強硬な発言をしたら、それを和《やわ》らげて大名たちに伝えている。そのため、満済は柔軟な保守政治家として評価されているのです。

義教による恐怖政治

　義教は義満の政治を手本にして、義持が止めてしまった日明貿易を再開したり、義満時代の儀礼を復活させたりしていました。さらに将軍である自分への権力集中もはかるのですが、そのために有力な大名を暗殺したりといった恐怖政治を行います。それは公家にも及びました。なかでも、私が重要だったと考えるのは、日野氏をはじめとする中級実務貴族たちへの弾圧です。これまでも述べてきたように、彼ら実務貴族は、院政期から力をつけてきて、義満の室町王権も支える有力なスタッフとなりました。それが義教によって、所領を没収されたり左遷されるなどして、壊滅的な状態になってしまうのです。当時の貴族、中山定親は、義教によって、五十九人の公卿、三人の神官、十一人の僧侶、七人の女房が処罰されたと、日記『薩戒記《さつかいき》』に書き残していますが、実態はこれを上回るものだったと考えられています。

それでも、満済が生きているうちは、まだ一定の歯止めがきいていました。ところが一四三五年に満済が亡くなります。その前後に、畠山満家、山名時熙といった、義教政権の発足にも関わった有力守護が相次いで他界すると、義教の恐怖政治にブレーキがかからなくなるのです。

一四三八年には鎌倉公方との間に戦争を始め、翌年には足利持氏を自害に追いやります（永享の乱）。しかし鎌倉公方家が滅亡しても、室町幕府の支配力は強化されなかったばかりか、かえって関東はいっそうの混乱に向かいました。

さらに幕府の中枢を担ってきた三管領（畠山、斯波、細川）四職《しき》（赤松、一色、京極、山名）家に対しても、家督問題に介入して、自分の支配力を強めていきます。これも義満のやり方を模倣《もほう》したものといえるでしょう。

三管領四職家のうち、介入の最後に残ったのは細川と、その細川に従う赤松でした。その赤松家に手を出したところで、反撃に遭い、義教は殺されてしまいます。これが嘉吉《かきつ》の乱（一四四一年）です。時の将軍が暗殺されてしまった段階で、実質的に、室町幕府の終わりが始まったといえるでしょう。

その意味では、申次という権力を駆使して、義教の暴走をも制御してきた満済は「黒衣の宰相」の名にふさわしい、室町幕府の崩壊を食い止めてきた黒幕だったのです。

第十二章　黒田官兵衛　「軍師官兵衛」といわれるが……

黒田官兵衛（一五四六－一六〇四）、出家して黒田如水《じょすい》、実名は何度か変えていますが、最後は孝高《よしたか》を名乗りました。本章では、黒田官兵衛で通します。

『軍師官兵衛』という大河ドラマがあったように、「黒田官兵衛といえば豊臣秀吉（一五三七－一五九八）の軍師」というイメージが強いのではないでしょうか。しかし、日本史を研究してきた私からすると、少し違和感があります。それは、日本には「軍師」はほとんどいなかったからです。

これは何度か論じていますが、「軍師」というのはもともと中国の概念で、文官でありながら軍事を指揮するのが「軍師」なのです。ところが日本では、そもそも武官と文官がはっきりとは分かれていません。文官で軍事を指揮したというと、北畠親房くらいでしょうか。

今川義元（一五一九－一五六〇）の顧問的存在だった太原雪斎《たいげんせつさい》（一四九六－一五五五）は僧侶で、軍事の指揮も行いましたが、もともと庵原《いはら》氏という武士の出身です。僧兵が武士出身であるようなもので、武士が僧侶をやっている、と考えた方がいいでしょう。

黒田官兵衛に戻ると、彼は完全に武士ですから、現場の限定的な指揮官であったり、司令官の意を伝える軍監ではあっても、「軍師」ではありません。

では、なぜここで黒田官兵衛を取り上げるかというと、彼を通じて、戦国時代の武将とはいかなる人たちだったかを考えてみたいと思ったからです。

たとえば同じ大名でも、江戸時代の大名と戦国大名はまるで違う。江戸時代には、幕藩体制という秩序がすでに整えられていて、大名もそのシステムのひとつでした。いわば大名機関説、殿様機関説です。家格も、家臣団の序列も、朝廷の官位、官職のように決まっています。各藩の殿様は、藩のトップではありますが、徳川幕府の命令一下、家を潰されたり、領地を移らされたりする徳川将軍の家来でした。

それに対し、戦国時代の大名は基本的には一国の王です。一円支配といいますが、尾張国なら尾張国の土地も産物も領民も、すべて戦国大名である織田信長（一五三四－一五八二）の支配下にあります。しかも、信長は誰かから、たとえば天皇であるとか室町幕府から、その権利を与えられたわけではありません。自分の武力、経済力、政治力によって自ら獲得した領地なのです。

家臣とされる人たちも、江戸と戦国とでは違います。くわしくは、官兵衛のプロフィールとともに説明したいと思いますが、江戸時代は、たとえば仙台藩の藩士、伊達《だて》家の家来というと、主人は伊達の殿様であり、仙台藩のルールに強く拘束されます。それと比べると、戦国時代には、家来といっても、その自立性がずっと高いのです。本章では、戦国時代の「自立した黒幕」として黒田官兵衛をみていきましょう。

主従関係と寄親・寄子関係

もともと黒田家は姫路の小大名、小寺《こでら》氏の家来でした。小寺氏は赤松氏の家臣だったのですが、西播磨で勢力を伸ばし、五万石くらいの大名になっていきます。黒田家はその小寺の重臣でしたから、二千〜三千石の自分の領地を持っていたと想定できます。官兵衛は当主の小寺政職《まさもと》（一五二九－一五八四）に高く評価されていたようで、小寺の姓を名乗り、政職の身内の女性を妻に迎えています。父から家老の職を継ぎ、姫路城の城代も務めていました。

小寺政職の代になると、その播磨に尾張の織田と安芸《あき》（今の広島県）の毛利がやってきます。小寺は生き残りのために、織田につくか毛利につくかの選択を迫られました。そこで家老である官兵衛は織田信長に従おうと主張します。一五七五年に信長が長篠の戦いで武田勝頼（一五四六－一五八二）を破ったすぐ後に、官兵衛は岐阜城で信長にお目見えし、刀まで賜りました。それを取り持ったのが、信長軍の中国方面司令官だった豊臣秀吉（当時は羽柴。本章では、豊臣秀吉で統一）でした。

　ここで官兵衛は小寺氏の家来であるとともに、信長に気に入られて、信長にも従うようになります。一五七七年、信長が秀吉を播磨に進駐させると、官兵衛は秀吉に姫路城の本丸を明け渡し、自分は二の丸に移って、秀吉をサポートしました。そして秀吉の指揮のもと、城攻めに加わったり、秀吉と敵対していた宇喜多直家（一五二九－一五八一）を味方に引き込むなどの活躍を見せるのです。

　ここがややこしいのですが、このとき、官兵衛の主人は誰になるのか。この時点では、主人は小寺でしょう。その同盟相手である信長の命令によって、信長の家臣である秀吉に従っているわけですが、秀吉の家来というわけではありません。こうした関係を寄子《よりこ》、寄《より》騎《き》（与力とも）といいます。官兵衛は秀吉の寄子であり、秀吉は官兵衛の寄親《よりおや》となります。

主人と家来が親分・子分の関係であるのに対して、寄親と寄子はいわばプロジェクトにおける上司と部下の関係といえるでしょう。

たとえば織田軍には原田直政（不明－一五七六。塙《ばん》直政とも）という有力な武将がいました。原田は石山本願寺との戦いで戦死してしまうのですが、生きていれば、対毛利の作戦指揮官に任命されていた可能性があった。その場合、官兵衛は原田の寄子となっていたかもしれません。

この後、信長の家来だった荒木村重（一五三五－一五八六）が信長を裏切ると、小寺政職も信長を離れ、毛利と通じます。官兵衛は秀吉の命により、荒木村重の説得にあたるのですが、逆に荒木に捕らえられ、一年も幽閉されてしまいました。

一五八〇年、秀吉が敵方の拠点だった三木城を落とし、小寺政職は城も領地も失っています。戦国大名の小寺氏が滅亡したことで、官兵衛は小寺氏からは独立して、今度は信長の家来、秀吉の寄子となるのです。

たとえるならば、兵庫の地元企業、小寺産業に勤めていた官兵衛専務は、名古屋の織田カンパニーと広島の毛利カンパニーが進出してきたので、織田カンパニーとの提携を主導しました。織田社長から「お前、使えるな」と目をつけられ、秀吉部長率いる中国方面事業部に出向させられたわけです。そこで秀吉部長にも評価されて忙しく働いていたら、織田カンパニーとうまくいかなくなった小寺産業が提携を破棄して、倒産。官兵衛さんは織田カンパニーに入り直した。さらに織田社長が急死すると、秀吉部長が織田カンパニーを継いで、官兵衛さんもそこで経営戦略室長みたいなポジションに収まった、ということになります。

中国大返しの裏で

黒田官兵衛は実際の軍事作戦もこなせば、裏方的な外交も得意とした武将でした。その官兵衛の手腕が最大に発揮されたのは、なんといっても秀吉の中国大返しです。

一五八二年、本能寺の変で織田信長が斃《たお》れます。中国侵攻作戦の最中だった秀吉は、報せを聞くや、ただちに毛利輝元（一五五三－一六二五）と講和を結び、備中《びっちゅう》（今の岡山県）から京都へと急ぎ戻ります。

このとき、すぐに講和を結ぶよう進言したのが官兵衛だったという逸話もありますが、それくらいは秀吉が思いつかなかったはずはありません。それよりも官兵衛の功績として重要なのは、毛利家中に対する外交戦を担当したと考えられることです。

秀吉が情報封鎖を行い、毛利側は本能寺の変を知らなかった、という説もありますが、これも疑問です。情報とはそこまで完璧に封鎖できるものではない。毛利家も情報を摑《つか》んでいて、信長が死んだ、秀吉は急いで京都に戻る、ではどうするかという議論が行われたと考えるほうが自然です。

毛利家を一代で西国の雄に押し上げた毛利元就《もとなり》（一四九七－一五七一）には三人の息子がいました。毛利家を継いだ隆元（一五二三－一五六三）、吉川《きっかわ》元春（一五三〇－一五八六）、小早川隆景（一五三三－一五九七）です。隆元が早くに世を去ったために、その息子の輝元を補佐し、毛利家を実質的に指揮していたのが吉川、小早川の二人だったのです。

当然、毛利には秀吉を背後から襲うという選択肢がありました。兄の吉川元春は追撃を主張し、それを弟の小早川隆景が、失敗したら毛利家はどうなる、ここは秀吉に恩を売ろうと諫めたという逸話があるのですが、本当はどうだったのか。

ずっと後の話になりますが、関ケ原の合戦の際、黒田官兵衛は吉川家と情勢の変化を伝える手紙を交わしています。その関係の深さから考えるに、官兵衛は以前から吉川にも相当食い込んでいたのではないか。秀吉軍の外交担当である官兵衛が小早川、吉川に働きかけて、秀吉への追撃を思いとどまらせた可能性は高いと考えられます。

そう考えると、官兵衛には毛利と関連した仕事が目立つのです。秀吉が明智光秀を破った山崎の戦いのあとでは、毛利と宇喜多の国境線をめぐる交渉に参加、一五八六年の九州征伐では毛利を含めた連合軍の軍監（軍目付、軍奉行ともいう）となり、一五九七年の第二次朝鮮出兵でも総大将・小早川秀秋の軍監を務めました。

しかし、黒田官兵衛が本当の意味で、秀吉の作戦立案、外交などを動かしていたと考えられるのは、やはり秀吉が天下を取るまでの時期でした。

もともと官兵衛は秀吉の家臣ではなく、寄子、すなわち上司と部下の関係ではあるものの、ある意味では、信長に命じられたプロジェクトを遂行する運命共同体の一員だったわけです。

ところが天下人となった秀吉は、自前の実務系家臣団を養成していきます。それがのちの豊臣政権の五奉行となる石田三成（一五六〇－一六〇〇）や増田《ました》長盛（一五四五－一六一五）たちでした。秀吉と三成たちは完全に親分・子分の関係であり、秀吉の命令を忠実に実行するシステムを作り上げていきます。

そうなると、もはや官兵衛はお役御免になります。秀吉を頂点とした集権的なシステムには、かつてともに知恵を出し合ったブレーンの居場所はなかったのです。

最後の大勝負

その官兵衛が最後の大勝負に挑んだのが、一六〇〇年の関ケ原の合戦でした。このときすでに官兵衛は黒田家の家督を息子の長政（一五六八－一六二三）に譲っていました。黒田家の精鋭部隊は、長政が率いて関ケ原に向かっています。

官兵衛は豊前《ぶぜん》・中津城（今の大分県）の留守を引き受けましたが、石田三成挙兵の報を受けると、城から資金を持ち出して、農民や浪人などを雇い入れ、九千人ほどの軍を結成します。そして西軍の大友義統《よしむね》が侵攻していた豊後《ぶんご》国に攻め込み、筑後の柳川、久留米、肥後の水俣まで進軍し、連戦連勝。薩摩の島津を討とうとさらに南進したところで、家康からストップがかかりました。

関ケ原の合戦後、黒田家はそれまでの十二万石から五十二万石への大幅な加増を受けます。しかし、それは、息子の黒田長政に与えられたものでした。長政は、主力部隊を率いて関ケ原で奮戦したばかりでなく、吉川広家や小早川秀秋など毛利系の有力武将を東軍に味方させるという最も大きな功績を立てました。この吉川、小早川とのパイプは、もともと官兵衛が作り上げたものでした。

九州で連戦連勝を重ねた官兵衛には何の恩賞もありませんでした。家康にしてみれば、官兵衛の戦いは天下の大勢とは関わりのない私戦に過ぎなかったのです。

すでに人々は戦いに明け暮れた戦国の世に嫌気がさし、平和をもたらしてくれる「天下人」を求めていました。それに応えようとしたのが秀吉であり、家康だったのです。家康にとって、関ケ原の戦いは、戦国を終わらせ、「徳川の天下」を築くための戦いでした。その家康にしてみれば、九州での官兵衛の戦いは不要であり、有害ですらあったと思われます。むしろ、長政の功績に免じて不問に付した、といったところだったでしょう。

では、なぜ官兵衛は戦ったのでしょうか。二つの答えが考えられます。ひとつは、関ケ原の戦いだけでは天下の帰趨《きすう》が決することはなく、戦乱が長く続く「新しい戦国」の幕が開くはずだと考えていた。もうひとつは、徳川の世になることは見通したうえで、「最後の戦国」を戦いたかった、というものです。あるいは官兵衛のなかでも、この二つの思いがせめぎ合っていたかもしれません。

官兵衛は関ケ原以後、政治に関与することなく、一六〇四年、この世を去りました。

第十三章　千利休　茶の湯と政治

千利休（一五二二－一五九一）といえば、知らぬ者のない大茶人ですが、豊臣秀吉の側近として権勢をふるったことでも広く知られています。茶聖にして黒幕という、非常に魅力的な存在なのですが、利休がなぜ、どのような形で「黒幕」となっていったのかを追いかけてみたいと思います。

茶の湯と権力の関係を考える上で、やはり重要なのは堺という町、そして織田信長との関わりでしょう。

堺は当時の経済、交易の中心地でした。その堺の経済を動かしている商人の集団を納屋《なや》衆《しゅう》といいます。海辺に納屋と呼ばれる倉庫を持ち、それを貸し付けて稼いでいた豪商を指し、彼らは運輸、交易、金融などを掌握していました。

織田信長はいち早く堺を押さえ、その経済力を自らのパワーの源泉としていきます。この信長と深く結びついた堺の豪商が、今井宗久《そうきゅう》（一五二〇－一五九三）、津田宗及《そうぎゅう》（不明－一五九一）、そして千利休でした。この時期、利休は千宗易《そうえき》と名乗っていましたが、ここでは利休とします。この三人はいずれも堺を代表する茶人であり、信長の茶会において茶《さ》頭《どう》を務めました。茶頭とは、茶会において、茶を点《た》てる、道具を揃える、もてなし全般を取り仕切るといった、いわばプロデューサー的役割です。

お茶という文化は、もともと経済、政治と密接な関係をもって発展していったのです。しかし、織田信長との関係においても、また商人としての格からいっても、利休は決してナンバー1ではありませんでした。トップは今井宗久、次いで津田宗及、最後が利休だったのです。今井宗久は摂津の塩や但馬銀山などを押さえる一方、領内に鍛冶屋を集め、鉄砲や弾薬の製造も手掛けていました。津田宗及は信長以前に畿内で勢力を誇った三好一族や石山本願寺とも太いパイプを持っていました。いずれも畿内に進出した信長にとって、きわめて重要な存在だったのです。一方、信長の軍事力による庇護は、堺の繁栄のため、欠かせないものでした。

利休は海産物を商《あきな》う納屋衆のひとりでしたが、今井、津田には一歩も二歩も譲る存在でした。利休の存在がクローズアップされてくるのは、秀吉の台頭によるものだといえます。

信長のように、お茶の文化を自らの権威付け、堺とのパイプとして使いたい。しかし、信長のパートナーだった今井宗久を茶頭にしても、どこまでいっても「信長の家来だった男」というポジションから脱することができない。独自のカラーを打ち出していきたい――そう考えた秀吉が選んだのが、千利休だったのです。

「内々のことは宗易へ」

では、利休は秀吉政権のなかで具体的にどのような役割を果たしていたのか。それを示す有名なエピソードがあります。

一五八六年のこと、九州の大名、大友宗麟《そうりん》（一五三〇－一五八七）は大坂城で秀吉と対面します。薩摩の島津氏からの攻勢が激しさを増し、秀吉に助けを乞うためでした。そこで秀吉は宗麟を黄金の座敷に招き入れ、利休にお茶を点てさせます。秀吉に城の中を案内してもらった宗麟は、その後、秀吉の弟・豊臣秀長（一五四〇－一五九一）を訪ねました。秀長は政権の調整役を務め、秀吉にも直言できる貴重な存在だったのです。その秀長は宗麟に「何事も自分が心得ているから安心するように」と述べた後、「内々のことは宗易へ、公儀のことは私に何でも相談しなさい」と付け加えたのです。つまり公式ルートでの相談は秀長が、そうではない内々のルートは利休が押さえているというわけです。

大友宗麟は「宗易ならでは、関白様へ、一言も、申し上げる人これ無し」と書き残しています。利休以外には秀吉に直接ものを言える者はいない、というわけです。秀吉のように絶対的な権力者が存在する場合、それに取り次ぐパイプ役に権力が生まれます。それが豊臣秀長であり、利休でした。三宝院満済のところでも述べた「取り次ぐ権力」です。何か秀吉に聞いてほしいことがあれば、秀長か利休を頼らざるを得ません。

権力者が存在する以上、「取り次ぐ権力」も存在しますが、それを肥大化させない方法があります。それは「取り次ぐ権力」をシステム化して、できるだけ透明にすることです。それによってパイプの目詰まり、すなわち権力の偏在を防ぐのです。

秀吉はその権力を自らの力で築き上げました。先祖代々の家臣もいなければ、有力な親族グループもいません。その意味で、発足して間もない豊臣政権はまだシステムとして整っておらず、秀長や利休といった、秀吉との個人的な関係を持つパイプ役に依存することとなったのでしょう。

利休失脚の理由

その利休が天正十九年二月（一五九一年）、突然、秀吉から堺に追放され、閉門を命じられます。その理由として伝わっているのは、「自分の木像をつくって、大徳寺の山門に掲げさせたからだ」というものですが、これを細かく詮索しても仕方がないでしょう。秀吉は利休を排除したかった。その理由は何でもよかったのだと思います。

では、なぜ利休は排除されたのか？　その答えもすでに出ています。「黒幕」が退場するとき、それは新しいシステムが生まれ、機能するようになって、「黒幕」が不要になるときです。

黒田官兵衛の章でも述べましたが、秀吉政権でも自前で育てた実務官僚が台頭してきます。その代表が石田三成でしょう。秀吉の意を体して、彼らが機能的に動こうとすると、利休のような古いパイプは不要というより、邪魔になります。

ちょうど、この年の一月、豊臣秀長が亡くなっています。個人的なパイプ役に頼る方式では、もはや回していけないほど、豊臣政権のパワーが大きくなっていたことも事実です。

利休を排除した秀吉が、石田三成ら実務官僚を駆使した「新しいシステム」を使って始めたのが、同じく天正十九年八月に表明した朝鮮出兵でした。翌年に開始されたこの戦いで動員された兵力は四十万人にものぼるとされています。

「茶聖」が黒幕をつとめた時代が終わって、次にやってきたのは、システム化された大量動員の時代だったのです。

第十四章　高山右近　前田家を救った「意外な黒幕」

高山右近（一五五二－一六一五）で最も知られているのは、徳川家康のキリシタン追放令を受けて、マニラに行き、そこで生涯を終えたことでしょう。戦国時代、キリシタン大名はたくさんいて、それこそ黒田官兵衛も大友宗麟もキリスト教に入信していましたが、本物のキリスト教徒といえるのは高山右近くらいだったのではないかと思います。その理由はあとで述べるとして、まずは簡単に、その生涯をみてみましょう。

もともと高山氏は現在の大阪の国人《こくじん》領主でした。国人とは有力な在地領主だと考えてください。戦国大名の家臣団は基本的にはこうした国人、あるいは国衆の集まりでした。国人が代々力をつけていって大名になるケースも少なくなく、その代表例が徳川家康であり、毛利元就でしょう。

右近の父・高山友照（不明－一五九六）は松永久秀（一五一〇－一五七七）に仕え、大和国（今の奈良県）に居城を構えるのですが、そこで琵琶《びわ》法師でイエズス会員になったロレンソ了斎（一五二六－一五九二）に出会い、キリスト教に入信します。そのとき、十一歳だった右近も受洗するのです。友照は領内の寺社を破壊するなど、キリスト教の布教に熱心に取り組みます。ずっとのちのことになりますが、蒲生《がもう》氏郷《うじさと》（一五五六－一五九五）や黒田官兵衛など秀吉配下の大名からも、右近の感化によりキリスト教徒になる者があらわれます。

　高山父子はその後、荒木村重に仕えるのですが、荒木が織田信長と争ったとき、右近は信長の配下に転じます。そして信長から摂津・高槻城主の座と四万石を安堵してもらいました。

　高山右近が存在感を高めたきっかけは、本能寺の変（一五八二年）でした。いち早く明智光秀（一五二八－一五八二）には従わないと宣言し、秀吉のもとにかけつけたのです。山崎の戦いでは先鋒を務め、明智光秀軍を打ち破ります。その功績が認められ、秀吉の配下として活躍。一五八五年には、明石《あかし》城主となり、秀吉から六万石を与えられます。明石という交通の要衝《ようしょう》に配置したことからも、秀吉が右近を評価していたことがうかがえます。

バテレン追放令で大名の座を捨てる

そこに発せられたのがバテレン追放令（一五八七年）でした。これまで海外貿易にも積極的だった秀吉はキリスト教の布教にも寛容でしたが、九州を平定してみると、長崎がイエズス会に寄進されてしまっていたり、寺社が破壊されていたり、奴隷貿易が行われていると聞いたりして、キリスト教に対する警戒の念を強めます。

その根本にあるのは、およそ日本の国内のものはすべて基本的には秀吉の支配下にあるべきだ、という一円支配の考え方でした。キリシタンにとっては、当然、神への忠誠が秀吉への忠誠より上位にきます。それは秀吉が推し進めている天下統一の妨げになるものでした。そこでバテレン追放令を出し、キリスト教を邪教として禁じ、宣教師たちの国外追放を命じたのです。

とはいえ、高山右近をはじめ、黒田官兵衛、蒲生氏郷など、秀吉に近い大名たちにもキリスト教の信者はたくさんいました。むしろ頭のいい優秀な武将ほど、キリシタンになっているといっていい。そこで秀吉は、彼らキリシタン大名に対して、「お前たちが自分の心の中でキリスト教を信じていても、俺は問題にしない。ただ、お前たちの領地、領民は、この秀吉が与えたものだから、寺院を壊したり、キリスト教を強制してはならない」といったマイルドな対応策を講じます。

蒲生氏郷や黒田官兵衛をはじめ、ほとんどのキリシタン大名は問題なくこれに従ったのですが、ひとり高山右近だけが、主《しゅ》に逆らうことはできないと、これを肯《うべな》わなかったのです。右近にとっては神は実在するものであり、心のなかで信じていればよい、というものではなかった。私はこちらのほうが本来のキリスト教理解に近いと考えていますが、その結果、右近はすべての領地、財産を奪われてしまいます。領地を捨て、大名としての地位をなげうってまで、自分の信仰を貫いたわけです。

その後、右近は、やはり右近のすすめでキリシタン大名になった小西行長（不明－一六〇〇）の庇護を受けたり、前田利家（一五三八－一五九九）のもとに預けられたりします。前田利家に引き取られた右近が、加賀の金沢に赴くと、客将として一万五千石が与えられました。一五九〇年には、前田軍に従って、秀吉による小田原攻め（北条氏征伐）にも参加しています。

秀吉の命に背いて追放された右近が、秀吉の盟友である前田利家に、大名格の待遇を受け、戦場にも出陣しているのです。秀吉が、これを知らなかったはずはないでしょう。それどころか、右近の処遇を指示していたのは秀吉だったのではないか。秀吉は、右近の能力を高く評価して、いつかは自分の政権に復活させようと考えていた。そこで、盟友である前田利家に頼んで、右近を預かってもらったという可能性は十分考えられるのです。

一五九八年、豊臣秀吉が死去します。そして翌一五九九年には、後を追うように前田利家もこの世を去ります。実は、右近が「黒幕」となるのは、ここからなのです。

家康VS前田家

秀吉の後、誰が天下人となるのか。本命はもちろん徳川家康（一五四三－一六一六）、対抗と目されたのが前田利家でした。利家は死の床の秀吉に遺児・秀頼（一五九三－一六一五）のことを頼まれると、大坂城入りし、秀頼の後見人となります。一方、家康は伏見に居を構えていました。秀吉の遺命を次々に破る家康に対し、利家が怒りをあらわにすると、二人の屋敷にはそれぞれに味方する大名たちがはせ参じ、さながら合戦前夜のような緊張が高まっていきました。

興味深いのは、このときの家康派、利家派が、関ケ原での東軍、西軍のメンバーとかなり重なっていることです。家康方についたのが、福島正則、伊達政宗、黒田長政、蜂須賀《はちすか》家政。利家方についたのが、五大老のうち毛利輝元、上杉景勝、宇喜多秀家。つまり家康以外の大老はみんな利家派なのです。当然、石田三成（一五六〇－一六〇〇）もそこに加わります。このとき利家方にいて、関ケ原の戦いでは家康方についたのは、細川忠興《ただおき》と加藤清正くらいでしょうか。結局、家康と利家は誓書を交わし、互いの屋敷を訪問し合うことで武力衝突には至らなかったのですが、天下を目指す徳川にとって、前田家が大きな障害であることには変わりません。

　天下を手中に収めるため、家康が望んでいたのは大きな戦争でした。前田利家が亡くなってすぐに、福島正則や黒田長政ら七人ほどの大名が石田三成の屋敷を襲います。ここに加藤清正や細川忠興も加わっていますが、家康が仲裁し、三成は助かります。石田三成ひとりを殺したところで天下は動かない。日本列島中を巻き込むような戦争を起こし、それに勝利することで、全国の大名を帰順させ、覇権を握る。それが家康の戦略だったのです。せいぜい十九万石の石田三成では相手が小さすぎます。

　そこで家康が最初に敵役に選んだのが、加賀前田家でした。「前田に謀反の動きあり」と言い出した家康は、加賀に軍隊を送るぞとプレッシャーをかけたのです。

　利家亡きあと、前田家を継いだのが前田利長（一五六二－一六一四）です。前田家は他家と異なる構造になっていて、利家が領有していたのが加賀と能登の二カ国、あわせて四十万石。そして息子の利長が越中四十万石を持っていました。利家と利長の二人で前田八十万石だったのです。利家の退隠後、利長は金沢に入ります。

家康に言いがかりをつけられたとき、利長は土下座外交を選択しました。利長の側近中の側近である横山長知《ながちか》（一五六八－一六四六）を家康のもとに派遣して、家康に逆らうつもりなど毛頭ありません、と恭順の意を示すのです。その証《あかし》として、利家の妻で利長の母、加賀の国母ともいうべきおまつ（芳春院）を江戸に人質に送る、さらに徳川のお姫様を前田の後継ぎの嫁に迎えることを約束しました。そして、婚儀が調《ととの》ったら、すみやかに利長は隠居するという、徳川への絶対服従を示すことで、謀反の嫌疑を晴らします。というより、もともと謀反の計画などないのですから、家康のいちゃもんに屈して、完全降伏した、というのが正しいでしょう。

しかし、この決断によって前田家は生き残り、関ケ原の合戦後には百二十万石もの石高を有して、徳川家に次ぐナンバー2の大大名の地位を維持します。それに対し、家康によって第二の標的とされた上杉景勝（一五五六－一六二三）はまんまと罠《わな》にはまってしまい、一六〇〇年、家康は会津征伐に乗り出します。そして家康が東国へ向かったのをみて、石田三成が挙兵。毛利輝元が豊臣秀頼とともに大坂城に籠り、関ケ原の戦いが行われます。

家康は思惑通り「天下分け目の合戦」に勝利し、誰にも文句のつけられない「天下人」となります。ともに五大老だった上杉景勝が会津百二十万石から米沢三十万石、中国八カ国の領主で最大百十二万石を有した毛利輝元は周防《すおう》・長門《ながと》の約四十万石となってしまいます。結果として、前田家の権益を守るという意味では、利長の徳川従属路線は正解だったといえます。

利長のブレーンとして

ここで私が問題にしたいのは、なぜ前田利長は土下座外交を実現できたのか、ということです。

そもそも秀吉の盟友として、秀頼を守り育てるのが、利家の強い遺志でした。そのために、前田家は一触即発の危機もすでに体験しています。代は利長に替わっても、加賀前田家で重きをなしているのは、利家恩顧の重臣たち、奥村、村井、篠原、中川といった、ともに戦場を駆け回って前田家を作り上げた武士たちでした。彼らは当然、親豊臣であり、反徳川です。利長の対徳川土下座外交に賛成だったとはとても思えません。ましてや、おまつが家康の人質になることにも当然、強い抵抗があったはずです。

それに対して、利長は越中から金沢にやってきて間もない新参のお坊ちゃんに過ぎません。彼の側近で目立った存在といえば、すでに触れた横山長知くらいですが、横山にしても戦場で大きな武功を立てていない。そもそも利家派の重臣たちは、利長の最側近である横山長知を重臣の一員に加えることにも反発していました。横山は利長の腹心であって、利家にはまったく仕えたことがありません。そんな男がどうして前田家を支えていけるのか、というのが、古参の重臣たちの見方だったといえます。前田家内のパワーバランスを考えたとき、利長側は圧倒的に不利なのです。

では、誰が家康に対する従属路線を支持したのか？　ドラマなどではしばしば、利長の母、おまつが「これからは徳川の世だから、前田は徳川についていきなさい」と言った、というように描かれます。たしかに、重臣たちはおまつの言うことなら従ったでしょう。

しかし、おまつは誰の意見を重視したでしょうか。第一に、亡くなった利家の遺志であったことは間違いありません。その利家は家康による権力簒奪《さんだつ》から秀頼を守ることを使命としていました。豊臣家と前田家は家族ぐるみの深い付き合いで、おまつは秀頼の乳母も務めています。さらに、おまつと長年苦労をともにしてきたのは利家系の重臣たちであり、利長グループではありませんでした。おまつ自身の意見を聞かれたならば、親豊臣であって、親徳川ではなかったはずです。

そこで高山右近の登場です。対徳川外交に高山右近が関与したという史料はありませんが、右近が利長の側近として動いたことは様々な史料からも推測できます。

右近が利長派のブレーンとして、利家派の古参重臣たちと対抗していたことがうかがえるのが、関ケ原の合戦後の一六〇二年に起きた太田長知《ながとも》殺害事件でした。太田長知は前田家古参の重臣で反徳川派のボス的存在でしたが、利長は横山長知に命じて、太田を殺害させます。重臣同士が殺しあうほど、利家派と利長派の分裂は根深いものがありました。

そのなかで高山右近が利長＝横山グループの一員として動き、反徳川派の重臣たちと対立していたことがわかっています。また前田家のなかでも、右近に感化されて、キリスト教の信仰を持つ者が増えていきますが、そうした改宗者たちも利長たちを支持したと考えられます。

高山右近が前田家でやったことで、史料にも残されているのが築城です。対徳川土下座外交のもとで、右近は金沢城の堀の工事を指揮しています。さらに利長は、弟の利常に家督を譲った後、一六〇九年、隠居後の拠点として、高岡城を建てます。この高岡城は、近世城郭の最高峰といわれますが、この高岡城の縄張《なわばり》（設計）を行ったのが高山右近でした。

右近が味方についていなかったら、利長がどうやって、うるさい古参重臣たちとの権力ゲームを制して、親徳川路線を進むことができたのか、うまく説明できません。

結局、右近は前田家で二十五年を過ごします。そこで反徳川の代表だった前田家を、徳川従属路線に大転換させ、百二十万石を支えました。

一六一四年、徳川家康のキリシタン追放令を受けて、高山右近は金沢を出て、長崎からマニラに向かいます。この時、利長はすでに病に倒れてこの世を去っていました（右近は翌一六一五年に死去）。

大名の座を捨て、最後は日本をも捨てて、信仰に生きたキリシタン大名、高山右近。しかし、その後半生は加賀前田家の存続に貢献した「意外な黒幕」でもあったのです。

第十五章　伊奈忠次

家康から過小評価された民政家

この章で取り上げる伊奈《いな》忠次《ただつぐ》（一五五〇－一六一〇）は、目立たないけれど、大きな仕事をしたタイプの「黒幕」です。彼の残した仕事は大きく二つ、利根川の流れを変えて、江戸が巨大な都となる基礎を作ったことと、もうひとつは農民に対しさまざまな勧業政策を行ったこと。言ってみれば、徳川政権で最初に本格的な「民政」を行った人物といっていいでしょう。

それなのに、これまで伊奈忠次の名前が歴史の上で大きく取り上げられることはほとんどありませんでした。もっといえば、家康が忠次に与えたのは武蔵国小室・鴻巣《こうのす》のわずか一万三千石で、それも後継者に恵まれず、孫の代で途絶えてしまいます（その後、伊奈家は旗本として存続）。

忠次だけでなく、家康政権において、行政畑の家臣は少なくとも石高の面ではあまり厚遇されていません。のちに登場しますが、初期の徳川政権において、重要な財源である金銀山の運営、関東の交通などを一手に取り仕切っていた大久保長安（一五四五－一六一三）でも、与えられた表向きの石高は武蔵国八王子三万石にすぎません（実質的には九万石あったという説がありますが）。

ここから家康の人事評価の基準、さらには徳川幕府がどのような性格の政権だったかが見て取れるのですが、それは後に詳しく論じるとして、まずは伊奈忠次がどのような人物だったかをみていきたいと思います。

二つの大仕事

伊奈家は早くから家康に仕え、今の愛知県西尾市あたりにあった小島《おじま》城の城主を務めていました。ところが一五六三年に起きた三河一向一揆で、忠次の父が一揆側についてしまいます。のちに許されて、家康の嫡男・松平信康（一五五九－一五七九）に仕えますが、信康が武田家と内通したという疑いで自害に追い込まれると、三河から堺に逃げ出します。

家康からすると、二度も裏切ったわけですが、一五八二年に本能寺の変が起きると、堺にいた家康を無事三河に帰還させるのに貢献しました。以後、戦においては目立った活躍がなく、もっぱら三河、遠江《とおとうみ》、駿河《するが》で奉行職を務めるなど、実務官僚としての仕事を任されます。

興味深いのは豊臣秀吉が小田原を攻めたり、朝鮮に出兵した折に、交通路の整備や武器・食糧の運搬など、いわゆるロジスティクスを担当していたことです。大軍を動かすには、優れたロジスティクスが欠かせません。それをこなすことで、伊奈の行政官としての能力が磨かれていったのでしょう。

そして一五九〇年、家康が関東に移封されると、大久保長安らとともに関東代官頭《だいかんがしら》に任じられます。これは検地と徴税を軸とする農民の管理、交通や裁判など関東の行政全般を担当するものでした。

なかでも伊奈忠次の仕事で大きかったのは、利根川の付け替え工事です。それまで利根川は江戸湾に注いでいました。そのため、江戸はしばしば大河の氾濫《はんらん》に見舞われる湿地帯だったのです。それを忠次は東へ流れを変え、太平洋側の鹿島灘に流れ込むようにする大工事を行ったのです。この工事は忠次一代では成し遂げられず、長男の忠政、次男の忠治《ただはる》の代でようやく完成しました。これによって江戸から太平洋に至る水運が確立するのです。

さらに忠次はさまざまな治水事業を行い、新たな農地を拓きます。こうした一連の土地改造により、関東の農業生産力は飛躍的に向上しました。

さらに重要なのは、忠次が農民に民政をおこなったことです。蚕《かいこ》を飼うことや、炭を焼くこと、塩を作ることを奨励し、その方法を教える。蚕の餌となる桑や、衣料の原料となる麻、紙の原料である楮《こうぞ》などの種を領民に与え、栽培法を伝える。そうして農民たちの暮らしを豊かに、楽なものにしていこうとしたのです。

第五章の極楽寺重時のところで「撫民」の思想について触れましたが、鎌倉時代の時点では、民を慈《いつく》しむという考えは生まれても、具体的に民の暮らしを豊かにする政策は行われませんでした。ある意味で、伊奈忠次は「撫民」の思想を実現した、最初の民政家だったといえます。

大久保長安の栄光と悲劇

伊奈忠次同様、初期の徳川政権を支えた人物が大久保長安です。大久保長安はもともと武田家の家臣で、はじめ大蔵、次に土屋という姓を名乗っていました。父は猿楽師だったとされていますが、素性ははっきりしていません。一五八二年に武田家が滅亡すると、徳川家に仕えるようになります。重臣である大久保忠隣《ただちか》の寄子となり、大久保長安を名乗ります。

長安は武田家に仕えていた頃から、甲州の金山開発にたずさわっていたとされています。甲《か》斐《い》国が家康の所領となると、長安はその内政の実務を担当し、釜無《かまなし》川などの治水や金山の管理などに手腕を発揮しました。

そして伊奈忠次らとともに関東代官頭となり、家康の直轄領百万石の実務一切を担当することになります。甲州方面に対する江戸の防備を強化するために、八王子に武士団を設置することを提言、旧武田家の武士団を中心とする八王子千人同心をつくるなど、制度面の整備にも貢献します。

一六〇〇年の関ケ原の合戦後に、豊臣家が持っていた佐渡金山、生野銀山が徳川の直轄となると、その担当も任されます。金銀山の経営は、徳川幕府にとって非常に重要な財源でした。それを掌握する長安は、絶大な権力を持つようになります。

それからも長安は、甲斐奉行、石見《いわみ》奉行、美濃代官を兼任、さらに佐渡奉行、所務奉行（後の勘定奉行）にも任命され、ついに年寄（後の老中）に登用されます。

こうしてみると、家康がいかに長安を重用したかがよく分かりますが、組織運営の観点からすると、疑問も浮かびます。大久保長安が圧倒的に優秀であったことは認めるにしても、これだけの業務を一人の人間に担わせるのは、システムの面でも、家臣団統制の面でも、やはり問題を抱えやすい。しかも次々と兼任させていくというのは、旅館の増築でもあるまいし、人事としては無計画といえるのではないでしょうか。

長安の晩年、彼が管理していた鉱山からの金や銀の産出量が減っていきます。すると家康は長安の役職を次々に外《はず》していくのです。

長安は死後に不正蓄財の嫌疑をかけられ、七人の息子は全員切腹、大久保家は取り潰しになります。長安の遺体は掘り起こされて磔《はりつけ》にかけられました。権力を集めすぎた反動ともいえますが、それにしても苛烈な処分です。

そして不思議なのは、長安が「天下の総代官」と呼ばれるほどの権力を握っても、石高はあいかわらず三万石のままだったことです。当時の武士にとって、石高は家格をあらわすものでもありました。政治的な権限は与えても、徳川家内の秩序にかかわる石高は上げない。それは家康の明確な意思だったように思えます。

人事から見た家康と秀吉の違い

というのも、家康・秀忠の二代にわたり幕政の中枢を担った本多正信（一五三八－一六一六）。彼の所領は二万二千石でした。後世の私たちからすれば、本多の幕府内の地位や権限とはおよそ不釣り合いな待遇に思えます。さらにいえば松平正綱（一五七六－一六四八）。彼は卓越した経済官僚で、徳川幕府の金庫番である勘定方首座も務めたのですが、この正綱がやはり二万二千石なのです。

家康の家臣で最も石高が高かったのは井伊直政（一五六一－一六〇二）、本多忠勝（一五四八－一六一〇）、榊原康政（一五四八－一六〇六）で、関ケ原の合戦が終わった段階で井伊が十八万石、本多と榊原がそれぞれ十万石でした。彼らはみな徳川の主力部隊を率いる軍事のトップです。つまり家康は明らかに政治より軍事を重視していました。

徳川幕府が譜代の大名に求めたものは、自分の領地をしっかり掌握して、もし外様《とざま》大名が攻めてきたときには、それを叩くこと、相手が強かった場合には、城に立てこもって、討ち死にするまで抵抗を続け、徳川の本隊がやってくる時間を稼ぐことでした。それが軍事政権としての徳川幕府の設計思想なのです。

武士の政権だから軍事ファーストなのは当然ともいえますが、家康と評価基準が大きく異なっていたのが秀吉でした。豊臣家では石田三成、増田長盛といった実務系の大名が五奉行として重用されます。

石高も石田三成が近江（今の滋賀県）の佐和山で十八万石、増田長盛が奈良の大和郡山《こおりやま》で二十万石。地理的にも京都に近い重要な場所に置かれています。甲斐二十二万石の浅野長政は秀吉にとって姻戚でもあるから別格としても、財政を担当していた長束《なつか》正家、寺社対策を担った前田玄以《げんい》にもそれぞれ五万石が与えられています。

秀吉政権ではデスクワークができないと出世ができません。大谷吉継や小西行長もその行政手腕が評価されていたし、槍働きの印象が強い加藤清正でさえ、治水や新田開発、そして築城、都市計画に優れていたことを評価されての肥後（熊本）二十万石だったわけです。

秀吉には天下統一の後は、経済であり、民政が重要だというヴィジョンがあったのでしょう。もしも伊奈忠次や大久保長安が秀吉に仕えていたら、もっと高い評価を受けていたと思われます。

伊奈忠次の領地だった小室藩は廃藩となってしまいましたが、その旧小室藩はいま埼玉県北足立郡の伊奈町となっています。伊奈の名が現代に残されているのです。忠次の次男で、やはり利根川の工事に尽力した伊奈忠治の旧領も、茨城県筑波郡伊奈町（現在はつくばみらい市伊奈地区）と名付けられていました。農民の生活向上に力を注いだ伊奈忠次は、領民から篤い信頼を受けていましたが、息子の忠治も後世、その治水の功績を讃えて伊奈神社が建立《こんりゅう》されています。幕府の評価は、業績に比して高くはなかったが、領民に慕われ、後世に至るまで地元の人々に愛された。それは、「最初の民政家」伊奈忠次にふさわしい評価である気もします。

終章　西郷隆盛　「維新の英雄」のウラの顔

最後に、ずっと時代が下りますが、「意外な黒幕」として西郷隆盛（一八二八－一八七七）を取り上げたいと思います。西郷隆盛といえば、「敬天愛人」、天を敬い人を愛す。勝海舟（一八二三－一八九九）との話し合いで、江戸の無血開城を行ったり、戊《ぼ》辰《しん》戦争でも庄内藩に寛大な処分を行ったりと、誠実な人格者というイメージが強いと思います。旧庄内藩の人々は西郷を慕って、彼の言葉を集めた『西郷南洲翁遺訓』を刊行していますし、昭和になってからも酒田市に南洲神社を建てたりしました。

しかし、実際に討幕の過程で、西郷がやったことを見ていくと、むしろ、彼は一貫して暴力革命路線であり、幕府を倒すためには相当ダーティーな手段を辞さなかったことが分かってきます。

そこで戊辰戦争前後の経緯を簡単に振り返りつつ、西郷が何を目指していたのかを考えていきたいと思います。

ゴロツキを雇って江戸を襲う

もともと戊辰戦争は、薩摩・長州を中心とする維新勢力が、徳川幕府を倒し、新政権を確立するために仕掛けた戦争です。薩長は朝廷に働きかけ、慶応三年十月（一八六七年）に討幕の密勅を出させることに成功しました。ところが、それを察知した十五代将軍・徳川慶喜《よしのぶ》（一八三七－一九一三）は、土佐藩から出された大政返上案を受け入れ、統治に関するすべての権限を朝廷に返上すると申し出ます。いわゆる「大政奉還」です。

こうなると、徳川幕府を朝敵とすることは難しい。しかも、大政を返上されたところで、朝廷には日本を統治するだけのシステムもなければ、人材もそろっていません。実際の政務は幕府抜きには行えないだろうというのが慶喜の目論《もくろ》見《み》でした。

これに対して、西郷たちはあくまでも武力による討幕を画策します。そこで西郷は江戸の薩摩藩邸に出入りさせていた勤皇派の浪士たちを使って、江戸の商家などを襲わせます。金品の強奪ばかりか、雇人や近隣の住民が殺害されることも珍しくありませんでした。追手がかかると、三田の薩摩藩邸に逃げ込むため、幕府側も手が出せない状況が続きます。

薩摩藩が金で雇ったゴロツキたちは数百人の規模にのぼりました。そのリーダー格として名前が残っているのが、伊牟田尚平《いむたしょうへい》、相楽総三《さがらそうぞう》、益満休之助《ますみつきゅうのすけ》ですが、彼らはこのあとほどなく、それぞれに不可解な最期を迎えています。まるで口を封じられたかのようです。

慶応三年十二月二十三日（一八六八年）、江戸城の二の丸で出火、さらに江戸の警備のための駐屯所が銃撃されるという事件が起きるに至って、幕府は薩摩藩邸に犯人の引き渡しを要求します。薩摩藩はそれを拒否、十二月二十五日に幕府はついに薩摩藩邸を砲撃するのです。いわゆる薩摩藩邸焼き討ち事件ですが、これこそ西郷たちの狙い通りでした。幕府を挑発して、武力行使を余儀なくさせ、戦争を始めるきっかけをつくりたかったのです。今でいえば一般市民へのテロであり、謀略による開戦です。

西郷たちがなりふり構わず戦争をはじめたかった理由は、家康が前田や上杉を挑発して関ケ原の戦いに持ち込んだ動機と重なります。つまり戦争によって、自力で天下を握りたかったのです。公武合体や大政奉還では、「権力を譲った」主体は徳川幕府です。朝廷においても、天皇の位を主体的に譲った上皇が、その後もさまざまな権力を手放さなかったように、大政奉還後も、徳川将軍の影響力は残ってしまいます。まさに慶喜はそこを狙ったのです。さらに先にも述べたように、国内統治や外交などの経験において、幕府は維新勢力を上回っていましたから、主導権を旧幕府に握られてしまう可能性は高かったといえるでしょう。

家康の場合も同様で、豊臣家から権力を譲られたのでは、何かにつけ、豊臣家の意向を気にしなくてはなりません。天下を徳川家が独占するためには、どうしても関ケ原の合戦、それに続く大坂冬の陣・夏の陣が必要だったのです。

政治的な妥協で手に入れた権力は弱くて、もろい。戦争に勝つことによってはじめて、維新政権は、他の介入を許さない、絶対的な権力を確立できる――西郷たちはそう考えたのです。

こうして慶応四年一月三日（一八六八年）、京都の鳥羽・伏見で挑発に乗ってしまった幕府軍と薩長軍が激突、戊辰戦争が始まります。

「慶喜に腹を切らせろ」

西郷は幕府討伐軍の下参謀に任じられ、江戸に向かって攻め上ります。そして、江戸無血開城となるのですが、これはもともとの西郷の考えとは違っていました。

西郷は盟友の大久保利通（一八三〇－一八七八）にあてた手紙で、いろいろなところから徳川慶喜の助命嘆願が寄せられていることに腹を立てています。十四代将軍・徳川家茂《いえもち》に降嫁した和宮（一八四六－一八七七）も慶喜を助けてくれと言う、薩摩から十三代将軍・徳川家定に嫁いだ篤《あつ》姫（天璋院、一八三七－一八八三）もそう言っているが、何を言っているのか。なんとしても慶喜には腹を切らせなくてはならない、と書いている。これに大久保も、その通りだ、と返しています。

慶喜に切腹させようとすれば、幕府も抵抗せざるを得ません。薩長軍との交渉が決裂すれば、江戸は火の海になります。幕府方の勝海舟なども、交戦、和睦の両方に備えて動いていました。つまり、江戸を壊滅させてでも、将軍の首を取る。これが西郷たち薩摩の根本方針だったのです。

ところが同年の三月九日、西郷が静岡で、幕府の使者である山岡鉄舟に示した徳川処分案には、江戸開城、武器の引き渡しなどとともに慶喜の謹慎が示されていました。なぜ西郷らが方針を転換したのかについては、英国公使のハリー・パークスからの助言（実質的には圧力）によるものだったとの説が有力です。

もっとも当時、江戸はすでに世界的に見ても、人口、経済ともにトップクラスの大都市でした。これから新しい政権を運営していかなければならない西郷たちにとって、この大都市を灰にしてしまうのは、あまりにも損失が大きいと考えた可能性があります。

　いずれにしても西郷たちは江戸での全面戦争を諦めます。しかし、彼ら新政府軍にとって、圧倒的な勝利はどうしても必要です。そこで犠牲になったのが東北だった。そう私は考えています。

犠牲になった奥州諸藩

　というのは、北陸から東北の諸藩に対して、新政府軍は一方的な交渉を行い、戦うしかない状況に追い込んでいるからです。仙台藩ははじめ新政府への敵対の姿勢は示さず、会津藩と降伏の交渉を進めていました。ところが新政府軍の下参謀として送り込まれた世良《せら》修蔵（一八三五－一八六八）という奇兵隊出身の長州藩士が、傍若無人《ぼうじゃくぶじん》な態度で仙台藩を挑発、会津藩への出兵を強硬に求めて譲りません。それが仙台藩士の怒りを買い、世良は暗殺されます。これを機として、奥羽越列藩同盟が結成され、奥州諸藩は新政府との戦争に巻き込まれていきました。

　長岡藩では、司馬遼太郎の小説『峠』の主人公としても知られる家老の河井継之《つぐの》助《すけ》（一八二七－一八六八）がやはり会津藩の説得を提案しますが、土佐出身の新政府軍の軍監・

岩村精一郎（一八四五－一九〇六）が一切聞き入れず、開戦に至り、長岡藩は滅ぼされます。

こうしたやり口は、薩摩藩邸焼き討ちに至る経緯と共通しています。つまり、ダーティーな挑発を繰り返し、相手が我慢しきれず手を出したところで、戦争に引きずりこむ。

実は西郷は征韓論論争（一八七三年）の際、これと全く同じ手法を提案しています。自分を使者として朝鮮に送ってほしい。朝鮮は日本からの使者を殺すに違いないから、朝鮮側が自分を殺したら、それを口実に出兵すればいい――。それと考え合わせると、戊辰戦争をめぐる一連の謀略的な動きも、やはり出どころは西郷だったのではないでしょうか。

高潔な人格をもった英雄としての西郷のウラには、このような頭の切れる陰謀家の西郷がいた――私はそう考えています。逆に言えば、だからこそ二百六十年続いた徳川政権を終わらせ、新しい時代を開く、大仕事を成し得たといえるかもしれません。

おわりに

二〇一七年の末、高校と大学の教員らで作る「高大連携歴史教育研究会」が高校生の日本史教科書から坂本龍馬や吉田松陰、武田信玄に上杉謙信の名前を削除してはどうか、と提案しました。別にこれは文科省や教科書出版会社の決定でも何でもない提言、提案だったのですが、「ヒーロー坂本龍馬が教科書から消える！」と一部マスコミが報道し、それなりの騒ぎになりました。とはいえ、それは実現していないはずですが。

かつて、高校生が一番多く使っている日本史教科書を執筆していた石井進（東京大学名誉教授。ぼくの恩師です）に「なぜ先生は日本中世史の細かなところまで教科書に盛り込んでいらっしゃるのですか？」と尋ねたところ、「そりゃあ、情報はたくさんあった方がいいじゃないか。それを使うかどうかは、現場の先生方にお任せすればいいんだよ」としごく真っ当なお返事を頂戴しました。

でも、現在の高校の授業においては、そうした正論は通用しなくなっているようです。業界ナンバー2の日本史教科書の文案を作成する機会を戴いたとき、ぼくは何しろ「おもしろさ」を大切に日本中世史を描いてみました。すると高校の先生からダメ出しをされました。「あなたの記述はおもしろい。でも、無駄が多すぎる。私たち高校の教員は、教科書は原則おぼえろ、と指導している。だからあなたの文章は使えません。書き直して下さい」。いやあ、ショックでした。

　歴史の授業はどうあるべきか、の議論にはここでは立ち入りません。でも暗記を第一に授業を進めるとなると、そりゃあ、武田信玄や上杉謙信なんて地域の英雄は不要になります。坂本龍馬や吉田松陰のように、科学的・客観的な評価が難しい人物を削るべし、という議論が出てくることも理解できます。でもそれじゃあ、歴史はおもしろくなくなるんじゃないかなあ、というのがぼくの率直な感想です。

　唯物史観的な視点をよしとすれば、「歴史の主人公は名も無い庶民である」ということになり、歴史的ヒーローへの言及は不要です。でもベルリンの壁の崩壊以降、マルクス主義への疑問は、社会で共有されている状況です。唯物史観もまた、批判されねばなりません。ですので、ぼくは「歴史の主人公は……」という姿勢には賛成できません。

　ところが、ところが。そうはいっても、歴史学を科学として捉えるときに、唯物史観はやっぱりよくできているんです。それをまるごと捨て去るには、抵抗がある。もちろん今更、物語を歴史事実として受け入れようという皇国史観に戻ることなど、できはしない。さりとて、唯物史観を完全に乗り越える歴史観は、いまだ登場していない。さて、どうしよう……。

そこでぼくは、黒幕の存在に注目することに思い至りました。歴史的ヒーローが躍動するかげには黒幕が存在する。彼らが有意義な黒幕たり得るのは、いったいどういう条件の下でか。それは社会の動向を的確に読み、社会に生きる民衆の望みや願いをくみ取っていることではないでしょうか。だとすれば、黒幕の動きを描写することにより、「歴史の主人公は……」という考えを部分的にではあっても吸収することができるし、加えてヒーローを補佐する「歴史的な人間」の行動として、おもしろく歴史を語ることが可能になるのではないか。

本書が成立した基本には、そうした思いがあります。いや、科学として客観的に日本史を語りながら、それでいておもしろい、というスタイルを確立していれば、こんな言い訳めいたことは言わずに済むのかもしれません。そうすれば歴史教科書の叙述スタイルも連動して一新できて、歴史という科目の好きな高校生もたくさん現れてくれるでしょうが、そう簡単にはいきません。

それはともかく、本書ではヒーローと庶民のあいだに存在する黒幕を取り上げてみました。彼らの活動を通じて、歴史の動き、歴史の流れに思いをいたして戴ければ幸いです。ご愛読、とは望みすぎかな、ご一読のほどをお願い申し上げます。

本郷和人（ほんごう　かずと）

1960年、東京都生まれ。東京大学史料編纂所教授。東京大学文学部卒、同大学大学院人文科学研究科博士課程単位取得退学。鎌倉時代を中心とした日本中世史が専門。著書に『日本史のツボ』『北条氏の時代』『承久の乱』『日本史を疑え』『中世朝廷訴訟の研究』『新・中世王権論』など多数。

文春新書

1402

黒幕《くろまく》の日本史《にほんし》

2023年4月20日　第1刷発行

著　者　　本　郷　和　人
発行者　　大　松　芳　男
発行所　株式会社　文　藝　春　秋

〒102-8008　東京都千代田区紀尾井町3-23
電話（03）3265-1211（代表）

印刷所　　理　想　社
付物印刷　大　日　本　印　刷
製本所　　大　口　製　本

定価はカバーに表示してあります。
万一、落丁・乱丁の場合は小社製作部宛お送り下さい。
送料小社負担でお取替え致します。

ISBN978-4-16-661402-8